TORTEN-LIEBE

PEGGY PORSCHEN

Fotos von Georgia Glynn Smith

Edition Fackelträger

Für Max und Bryn, mit all meiner Liebe.

Chefredaktion   Jane O'Shea
Redaktion   Lisa Pendreigh
Projektmanagement   Katie Golsby
Art Direction   Helen Lewis
Design   Gemma Hayden
Fotografie   Georgia Glynn Smith
Styling   Rebecca Newport
Produktion   Vincent Smith
Herstellung   Tom Moore

© der englischen Originalausgabe 2015
Quadrille Publishing Ltd
Pentagon House, 52–54 Southwark Street,
London SE1 1UN
www.quadrille.co.uk

Text, Rezepte and Tortendesigns
© 2015 Peggy Porschen
Fotografie © 2015 Georgia Glynn Smith
Redaktion, Design and Layout © 2015 Quadrille
Publishing Ltd

© der deutschsprachigen Ausgabe 2015
Fackelträger Verlag GmbH, Köln
Emil-Hoffmann-Str. 1
50996 Köln

Alle Rechte der Verbreitung, auch durch Film, Funk, Fernsehen, fotomechanische Wiedergabe, Tonträger aller Art, auszugsweisen Nachdruck oder Einspeicherung und Rückgewinnung in Datenverarbeitungsanlagen aller Art, sind vorbehalten.

Die Inhalte dieses Buches sind von Autorin und Verlag sorgfältig erwogen und geprüft, dennoch kann eine Garantie nicht übernommen werden. Eine Haftung von Autorin und Verlag für Personen-, Sach- und Vermögensschäden ist ausgeschlossen.

Übersetzung aus dem Englischen:
Gesine Osthold, Schwalmtal
Satz: Achim Münster, Overath
Umschlaggestaltung: Ina Wild, Hamburg
Redaktion: Svenja K. Sammet

Printed in China
ISBN 978-3-7716-4620-2

www.fackeltraeger-verlag.de

INHALT

- 6 Vorwort
- 8 Grundausstattung
- 9 Tipps für das perfekte Biskuit
- 10 Grundfüllungen und -frostings
- 14 Himbeerkuss-Torte
- 18 Blaubeeren-Buttermilch-Torte
- 22 Milch-Honig-Torte
- 26 Rosen-Pistazien-Torte
- 30 Schneeball-Torte
- 34 Salzkaramell-Torte
- 40 Vanille-Wolken-Torte
- 46 Keks-Sahne-Torte
- 50 Zitronen-Himbeer-Rosen-Torte
- 54 Veilchen-Torte
- 60 Red-Velvet-Torte
- 64 Toffee-Apfel-Torte
- 68 Teufelsspeise in Schwarz und Weiß
- 72 Passionsfrucht-Mascarpone-Torte
- 76 Schokoladen-Trüffel-Torte
- 82 Ahornsirup-Walnuss-Torte
- 86 Tiramisutorte
- 92 Zitrustorte
- 96 Beerenkorb-Torte
- 100 Lebkuchentorte
- 104 Zucker-Pflaumen-Torte
- 110 Gewürzte Kürbistorte
- 114 Neapolitanische Torte
- 118 Schwarzwälder Kirschtorte
- 122 Cheeky-Monkey-Bananentorte
- 126 Erdbeer-Champagner-Torte
- 130 Lagerfeuer-Torte
- 136 Schachbrett-Torte
- 142 Pfirsich-Mandel-Torte
- 146 Piña-Colada-Torte
- 150 Technik des Schichtens
- 152 Technik des Ummantelns
- 154 Technik des Spritzens
- 156 Register
- 158 Bezugsquellen
- 159 Danksagungen

VORWORT

TORTENLIEBE ist ein Buch über zwei Dinge, die ich wirklich liebe: Backen und Kreieren von schönen, köstlichen Torten. Seit ich mich erinnern kann, liebe ich Kuchen und Torten. Ich liebe es, sie anzuschauen, zu erschnuppern und zu essen und, vor allem, sie herzustellen.

Meine Liebe zu Back(kunst)werken geht zurück bis in meine frühe Kindheit. Obwohl es heißt, Erinnerungen reichten nur zurück bis zum vierten Lebensjahr, erinnere ich mich noch genau an meinen ersten Geburtstag, als mir meine Mama eine wunderschöne Buttercremetorte, überzogen mit Marzipan und garantiert mit kleinen Zuckertierchen, präsentierte (ich habe das Foto zum Beweis). Von diesem Zeitpunkt an war meine Geburtstagstorte der Höhepunkt meines Jahres. Ich liebe die Art, wie eine Torte die Menschen um den Tisch zu versammeln vermag. Eine Torte steht für die Zusammenkunft von Verwandten und Freunden, für glückliche Momente und Erinnerungen. Welchen besseren Weg kann es also geben, einen festlichen Anlass zu begehen, wenn nicht mit einer wunderbaren Torte?

All diese Gründe animierten mich, dieses Buch zu schreiben und auf diese Weise Kreativität mit köstlicher Backkunst zu verbinden. In meiner Heimat Deutschland sagt man: „Die Augen essen mit". Die Gestaltung einer Torte war mir immer ebenso wichtig wie ihr Geschmack. Viele Menschen sagen mir, sie könnten zwar eine wohlschmeckende Torte backen, jedoch hapere es an der Dekoration. Entsprechend kombinieren die Rezepte in diesem Buch das Backen eines herrlichen Biskuits mit der Herstellung köstlicher Füllungen und Verzierungen, die ebenso gut schmecken wie sie aussehen. Einige Rezepte enthalten Klassiker wie das Victoria-Biskuit, das als Basis für die Zitrustorte dient (s. S. 92–95), und die Schokoladen-Ganache als Überzug für die Salzkaramell-Torte (s. S. 34–39); jedoch bin ich stets auch auf der Suche nach der perfekten Version bereits existierender Rezepte, die ich immer wieder aktualisiere. Bisweilen verwende ich ein klassisches Rezept als Grundlage, um neue Aroma-Kombinationen oder Herstellungsvarianten zu schaffen, wie es z. B. bei der Blaubeeren-Buttermilch-Torte der Fall ist (s. S. 18–21).

Ich empfehle, vor der Umsetzung der Rezepte in diesem Buch meine Top-Tipps für das Backen des perfekten Biskuits zu lesen. Wenn Sie diesen einfachen Ratschlägen folgen, vermeiden Sie die Enttäuschung beim Öffnen des Ofens, wenn das Biskuit nicht gegangen oder verbrannt ist. Der Abschnitt über Grundfüllungen und -frostings bietet eine Auswahl an Rezepten für Buttercremes, Frostings, Ganache und Zuckersirup, die Sie nach eigenem Geschmack aromatisieren und mit Ihren Torten kombinieren können, unterstützt durch Fotos, welche die Arbeitsweise Schritt für Schritt erläutern. Ich hoffe, Sie werden diese Vorgehensweise und die Ratschläge hilfreich finden, sodass Sie demnächst Torten herstellen werden, die nicht nur fantastisch schmecken, sondern sich auch äußerlich des Anlasses als würdig erweisen. Für das „i-Tüpfelchen" gibt es eine Erläuterung der hier verwendeten Spritztechniken. Schließlich finden Sie hinten im Buch zwei Tortenschablonen, die ich zur einfachen Verwendung erstellt habe.

Ich hoffe, Sie lieben das Buch **TORTENLIEBE** ebenso sehr wie ich.

Guten Appetit.

GRUNDAUSSTATTUNG

DIESE LISTE ENTHÄLT ALLE ARBEITSMITTEL, DIE FÜR DIE HERSTELLUNG DER SCHICHTTORTEN IN DIESEM BUCH BENÖTIGT WERDEN. WENN SIE BEREITS ÜBUNG IN DER HAUSBÄCKEREI BESITZEN, FINDEN SICH VIELLEICHT DIE MEISTEN DER HIER AUFGEFÜHRTEN ARBEITSMITTEL BEREITS IN IHRER KÜCHE. DIE FÜR DIE HERSTELLUNG DER SCHICHTEN VERWENDETEN WERKZEUGE SIND SPEZIELLER UND LOHNEN DIE ANSCHAFFUNG, DA SIE FÜR PERFEKTE RESULTATE UND WESENTLICHE FORTSCHRITTE BEI DER TORTENHERSTELLUNG UNVERZICHTBAR SIND. IM ÜBRIGEN HAT MAN IN DER REGEL LANGE FREUDE AN DIESEN GEGENSTÄNDEN.

BACKAUSSTATTUNG

1. Elektromixer mit Rühr- und Rühraufsatz
2. Auswahl an Backformen und -blechen
3. Gummispatel
4. Auswahl an Schüsseln und Krügen
5. Auswahl an großen und kleinen Feinsieben
6. Küchenwaage
7. Backpapier
8. abgewinkeltes Palettenmesser
9. Backpinsel
10. Schere
11. Kuchengitter
12. kleines Küchenmesser
13. Schneebesen
14. Ofenhandschuhe
15. Messlöffel
16. Frischhaltefolie
17. Ölspray

GRUNDAUSSTATTUNG FÜR DAS SCHICHTEN

1. langes, gezacktes Messer oder Kuchenschneider
2. Lineal
3. Cakeboards in verschiedenen Größen und Umrissen
4. kleines, mittleres und großes Palettenmesser
5. rutschfester Drehteller
6. Metall-Tortenscheibe
7. Seitenschaber aus Metall
8. Auswahl an Spritzbeuteln (z. B. aus Papier, Plastik oder Stoff mit Schraubgewinde)
9. Auswahl an Spritztüllen aus Metall (verschiedene Größen runder Tüllen und Sterntüllen)

Am Ende des Buchs sind zwei Schablonen für die Dekoration von Schichttorten eingefügt. Die Anweisungen zur Verwendung dieser Schablonen befinden sich auf den Seiten 57–58. Die Schablonen sind aus lebensmittelechtem Kunststoff hergestellt und können mehrfach verwendet werden. Sie sollten nach jedem Gebrauch abgewaschen und getrocknet werden. Schablonen von Hand in warmem Seifenwasser waschen und gründlich trocknen, indem sie flach zwischen zwei Lagen Küchenpapier gelegt und sanft abgetupft werden.

TIPPS FÜR DAS BACKEN DES PERFEKTEN BISKUITS

BACKEN MAG EINE WISSENSCHAFT FÜR SICH SEIN, ABER WENN SIE EINIGE EINFACHE REGELN BEFOLGEN, WERDEN SIE GLEICHBLEIBEND GUTE ERGEBNISSE UND GLEICHMÄSSIG GEBACKENE KUCHEN ERZIELEN. HIER HABE ICH EINIGE TIPPS AUFGELISTET, AUF DIE ICH SCHWÖRE.

ZUTATEN

1. Das A und O ist die Verwendung von Zutaten guter Qualität. Verwenden Sie stets Eier aus Freilandhaltung, Butter statt Margarine und wo immer möglich echte Gewürze, abgeriebene Schalen und Extrakte (keine Essenzen).
Wenn nicht anders angegeben, sollten Eier und Butter dieselbe Temperatur aufweisen (am besten Zimmertemperatur), damit die Eier nicht gerinnen und das Biskuit als Folge „sitzen bleibt". Die Eier sollten immer nach und nach und jeweils gut untergeschlagen werden, bis sie in der Masse aufgehen.
2. Butter vor Verwendung auf Zimmertemperatur bringen.
3. Wenn eine Torte gehackte Früchte, Kekse oder Nüsse enthält, diese erst ganz zum Schluss sanft unterheben. Um zu verhindern, dass sie während des Backens auf den Boden sinken, die genannten Zutaten mit ca. einem Viertel der trockenen Zutaten vermengen und vorsichtig unter die Mischung heben.
4. Wichtig ist die Verwendung von weichem Kuchenmehl, um eine gute Textur zu erhalten – erliegen Sie nicht der Versuchung, kräftiges Mehl (z. B. Type 505) zu verwenden, da es das Biskuit hart macht.

MESSEN UND WIEGEN

1. Verwenden Sie eine digitale Küchenwaage anstelle einer herkömmlichen, da sie viel genauere Ergebnisse liefert.
2. Messlöffel ergeben genauere Dosierungen als herkömmliche Tee- und Esslöffel aus dem Besteckfach. Wenn im Rezept nicht anders angegeben, glätten Sie stets den gefüllten Löffel mit dem Messer.
3. Einige Rezepte verwenden Eier der Größe M, andere der Größe L. Im Durchschnitt liegt das Gewicht eines aufgeschlagenen Eies der Größe M bei 50 g, bei Größe L bei 60 g. Wenn Sie Eier unterschiedlicher Größe verwenden, berechnen Sie das benötigte Gesamtgewicht an Eimasse und wiegen Sie die benötigte Menge ab.

BACKFORMEN

1. Für helle, gleichmäßig gebräunte Biskuits eignen sich glänzende Kuchenformen besser als dunkle oder verfärbte, da sie den Kuchen zu sehr bräunen oder gar verbrennen.
2. Ich ziehe es vor, jeden Biskuitboden einzeln in flachen Backformen (ca. 4 cm tief, z. B. Backformen für Biskuitböden und Sandwiches) zu backen, statt eine tiefe Form für den ganzen Kuchen zu verwenden, da flache Biskuits schneller und gleichmäßiger backen und besser aufgehen.
3. Den Boden und die Seiten der Backform mit Öl aussprühen und den Boden mit Backpapier auslegen.
4. Die Kuchenmischung stets so verteilen, dass sie an den Rändern höher ist als in der Mitte.
5. Die gefüllte Backform so bald wie möglich in den vorgeheizten Backofen stellen; andernfalls könnte das im Kuchenteig enthaltene Backtriebmittel seine Wirkung verlieren.
6. Die Biskuits 10 Minuten in der Form ruhen lassen, nachdem sie aus dem Ofen genommen worden sind. Mithilfe des Backpinsels die Oberseiten mit Zuckersirup bestreichen, solange die Biskuits noch in der Backform sind, dann weitere 20–30 Minuten ruhen lassen. Mit einem kleinen Küchenmesser um den Innenrand der Form fahren, um die Biskuits aus der Form zu lösen, dann Biskuits auf ein Kuchengitter legen und vollständig abkühlen lassen.

ZEITEN UND TEMPERATUREN

Verwenden Sie die angegebenen Zeiten und Temperaturen lediglich als Richtlinie, da unterschiedliche Backöfen in ihrer Genauigkeit erheblich variieren können. Die Temperatur muss um 20 °C reduziert werden, wenn Sie einen Umluft-Backofen verwenden.

Viele Haushaltsbacköfen sind an bestimmten Stellen heißer als an anderen. In diesem Fall sollte der Kuchen nach der halben Backzeit gedreht werden, damit er gleichmäßig backt.

GRUNDFÜLLUNGEN UND -FROSTINGS

DIE HIER AUFGEFÜHRTEN FÜLLUNGEN UND FROSTINGS WERDEN FÜR ALLE REZEPTE IM BUCH VERWENDET. ES IST WICHTIG SICHERZUSTELLEN, DASS DER IN JEDEM REZEPT AUFGEFÜHRTE ZEITPLAN EINGEHALTEN WIRD, DAMIT DIE FÜLLUNG ODER DAS FROSTING DIE ERFORDERLICHE TEMPERATUR UND KONSISTENZ AUFWEISEN, DIE ZUM ZEITPUNKT DER VERWENDUNG BENÖTIGT WERDEN. WENN DIE UMMANTELUNG DER TORTE GLATT UND ORDENTLICH GERATEN SOLL, IST DIE EINHALTUNG DIESER REGEL UNVERZICHTBAR. ALS FAUSTREGEL GILT: JE SCHWERER UND DICHTER DAS BISKUIT, DESTO SCHWERER UND DICHTER SOLLTE DAS FROSTING SEIN. ICH RATE JEDOCH DAZU, ZU EXPERIMENTIEREN UND FÜR SICH SELBST DEN BESTEN WEG HERAUSZUFINDEN.

ENGLISCHE BUTTERCREME

Die Herstellung Englischer Buttercreme ist unkompliziert. Benötigt wird hier vor allem ein guter Elektromixer, in dem Butter und Puderzucker gemixt werden. Eine leichte und luftige Buttercreme entsteht, indem so viel Luft wie möglich in die Masse geschlagen wird. Englische Buttercreme trennt sich nicht und hält gut, weshalb sie sich ausgezeichnet zum Aufspritzen von Mustern wie Kringeln und Rosetten eignet. Um die Buttercreme steifer zu machen – z. B. an warmen Tagen – kann der Zuckeranteil so weit erhöht werden, dass er die doppelte Menge des Butteranteils beträgt.

MERINGUE-BUTTERCREME

Meringue-Buttercreme ist sehr leicht und glatt bei einer relativ blassen Farbgebung. Sie ist heikler herzustellen als Englische Buttercreme und eignet sich für leichtere Biskuits. Sie trennt sich schnell, wenn sie zu lange bearbeitet oder mit säurehaltigen Zutaten oder mit solchen mit hohem Fettgehalt wie z. B. Ganache vermengt wird. Andere Aromen sollten sehr vorsichtig hinzugefügt und sehr sanft untergehoben werden. Sollte sich die Buttercreme trennen, kann sie durch Schlagen auf hoher Stufe wieder zusammengefügt werden (wenn sie nicht mit einer Füllung mit hohem Fettgehalt vermengt ist). Torten, die mit Meringue-Buttercreme gefüllt sind, sollten wegen des Eigehalts immer im Kühlschrank aufbewahrt werden.

Ergibt 400 g Englische Buttercreme

200 g weiche Butter
200 g Puderzucker, gesiebt
1 Prise Salz

Butter, Zucker, Salz und das gewünschte Aroma im Elektromixer mit Rühraufsatz bei mittlerer Geschwindigkeit leicht und luftig schlagen.

Nicht sofort verwendete Buttercreme in einem fest verschlossenen Behälter im Kühlschrank aufbewahren und vor der Verwendung wieder auf Zimmertemperatur bringen. Die Buttercreme hält sich bis zu 2 Wochen.

Ergibt genug Meringue-Buttercreme für 1 Schichttorte von 15 cm ø

270 g Puderzucker
135 g Eiweiß, frisch oder pasteurisiert
330 g weiche Butter

Zucker und 67 ml Wasser in einem kleinen Topf bei mittlerer bis hoher Hitze schnell zum Kochen bringen.

Eiweiße im Elektromixer mit Schneebesen-Aufsatz auf niedriger Stufe schaumig schlagen. Wenn der Zuckersirup 121 °C erreicht, diesen bei laufendem Mixer in dünnem, stetem Fluss über die Meringue-Masse gießen. Darauf achten, dass kein Sirup auf den Schneebesen-Aufsatz oder die Seiten der Schüssel gelangt, da es dann spritzt.

Die Meringue schlagen, bis sie sich kühl anfühlt. Jeweils einige EL der Butter gleichzeitig hinzufügen. Weiter schlagen, bis die Buttercreme vollkommen glatt und verstreichbar ist, dann je nach Wahl zusätzliche Aromen unterheben.

Die Meringue-Buttercreme hält sich im Kühlschrank bis zu 1 Woche.

FRISCHKÄSE-FROSTING

Ein köstliches Rezept, das sich perfekt auf einige Torten amerikanischen Stils anwenden lässt, wie z. B. die Red-Velvet-Torte oder die Teufelsspeise in Schwarz und Weiß (S. 60 und 68). Das Frosting ist weicher als Buttercreme und muss bis zur Weiterverarbeitung im Kühlschrank stehen.

Ergibt 1,125 kg Frischkäse-Frosting
250 g Frischkäse, Vollfettstufe
250 g weiche Butter
625 g Puderzucker, gesiebt

Frischkäse im Elektromixer glatt und cremig schlagen.

Butter und ein Drittel des Puderzuckers in eine separate Schüssel geben und zu einer sehr blassen und luftigen Masse schlagen. Ein weiteres Drittel des Puderzuckers hinzufügen und den Vorgang wiederholen.

Verbliebenen Puderzucker hinzufügen und die Masse nochmals schlagen, dabei die Seiten der Schüssel auskratzen, um sicherzustellen, dass keine Klumpen verbleiben. Frischkäse in kleinen Portionen hinzufügen und bei niedriger Geschwindigkeit mixen, bis alles vermengt ist.

Die Masse kühlen, bis sie fest genug zum Verstreichen oder Aufspritzen ist.

Frischkäse-Frosting hält sich im Kühlschrank bis zu 2 Wochen.

MASCARPONE-FROSTING

Eine reichhaltige Füllung mit cremiger Textur. Sie muss vor der Verwendung lange genug ruhen, da sie sonst die Form nicht hält.

Ergibt 1 kg Mascarpone-Frosting
200 g weiche Butter
500 g Puderzucker, gesiebt
300 g Mascarpone

Butter und die Hälfte des Puderzuckers im Elektromixer bei hoher Geschwindigkeit zu einer blassen und luftigen Masse schlagen.

Verbliebenen Puderzucker mit der Mascarpone hinzufügen und bei mittlerer bis hoher Geschwindigkeit schlagen; die Schüsselränder hinunterschaben, um sicherzustellen, dass keine Klumpen verbleiben.

Die Mischung schlagen, bis sie glatt ist, aber noch nicht flüssig ist. Bei Bedarf so lange kühlen, bis die Masse fest genug zum Aufspritzen ist.

Mehrere Stunden kühlen, bis die Masse vollständig fest ist.

Das Mascarpone-Frosting hält sich im Kühlschrank bis zu 2 Wochen.

SCHOKOLADEN-GANACHE

Ein sehr gutes Grundrezept für Ganache, mit etwas weniger Sahne als Schokolade, wodurch ihre Konsistenz gerade so fest wird, dass sie sich zum Schichten und Ummanteln von Torten eignet. Die Glukose sorgt für einen schönen Glanz und mithin eine wunderbar schimmernde Schoko-Glasur. Eine gut verstreichbare Konsistenz entsteht, wenn die Ganache bei Zimmertemperatur langsam fest wird.

Ergibt ca. 400 g Schoko-Ganache
200 g Schokodrops (53 % Kakaoanteil)
150 g Sahne
20 g Glukose

Schokodrops in eine tiefe Schüssel geben.

Sahne und Glukose in einen hohen Topf geben und zum Köcheln bringen.

Die heiße Sahne über die Schokodrops gießen und sanft schlagen, bis die Schokolade geschmolzen und die Mischung glatt ist.

Vor Gebrauch abkühlen lassen, bis die Masse beginnt, fest zu werden. In einem luftdichten, mit Frischhaltefolie verschlossenen Behälter hält sich die Ganache bei Zimmertemperatur bis zu 2 Wochen.

ZUCKERSIRUP

Wenn Sie regelmäßig zu Hause backen, empfiehlt es sich, ständig einen kleinen Vorrat an Zuckersirup im Kühlschrank zu haben. Ich schwöre auf Zuckersirup, da ich ihn als Feuchtigkeits- und Aromalieferanten für die meisten meiner Torten verwende. Auf die Oberseite eines Biskuits direkt nach dem Backen aufgebracht, verhindert der Zuckersirup, dass sich eine trockene, harte Kruste bildet, welche die Torte ruiniert. Auf das noch warme Biskuit aufgetragen, wird der Sirup schneller aufgesogen als auf kaltem Biskuit. Aromen sollten so früh wie möglich hinzugefügt werden, damit sie durchziehen und sich voll entfalten können.

Ergibt 200 ml Zuckersirup
150 g Zucker

Zucker und 150 ml Wasser in einen Topf geben, gut umrühren und zum Kochen bringen. Abkühlen lassen.

Wenn der Sirup lauwarm ist, das gewünschte Aroma hinzufügen. Nicht sofort verwendeter Sirup hält sich im Kühlschrank aufbewahrt bis zu 1 Monat.

HIMBEERKUSS-TORTE

WENN SIE IHRE LIEBE MIT EINER TORTE ZEIGEN MÖCHTEN, IST DIESE DIE RICHTIGE FÜR SIE. SIE IST NICHT NUR MIT LIEBE ZUBEREITET, SONDERN SCHMECKT AUCH BETÖREND SÜSS UND KÖSTLICH. FRISCHE HIMBEEREN UND ZARTBITTERSCHOKOLADE, DIE AUF DER ZUNGE ZERGEHEN, BILDEN EIN HIMMLISCHES GESPANN. SIE SUCHEN EIN VALENTINSGESCHENK FÜR IHREN SCHATZ? NUN, HIER IST ES!

ZUTATEN

Für das Schokoladenbiskuit
250 ml Sonnenblumenöl
14 Eier, Größe L, getrennt
4 TL Vanilleextrakt
750 g hellbrauner Zucker
100 g Kakaopulver
600 g Mehl
2 TL Natron
1 TL Salz

Für die Schokoladen-Ganache
400 g Schokodrops (53 % Kakaoanteil)
300 g Sahne
40 g Glukose

Für die Meringue-Buttercreme
540 g extrafeiner Zucker
135 ml Wasser
270 g Eiweiß
660 g Butter

Für die Dekoration
2–3 Schalen frische Himbeeren

ARBEITSMITTEL

Grundausstattung zum Backen (s. S. 8)
Grundausstattung zum Schichten (s. S. 8)
3 flache Backformen in Herzform (oder 1 tiefe Backform –
die Backzeit muss dabei erhöht werden; dann das Biskuit
in drei Böden zerschneiden)
Spritzbeutel
Zuckerthermometer

Ergibt 1 Torte von 20 cm Ø in Herzform bzw. 10–12 großzügige Stücke.

TORTENLIEBE

ZUBEREITUNG

Das Biskuit 1 Tag im Voraus herstellen.

SCHOKOLADENBISKUIT

Den Backofen auf 160 °C vorheizen.

Drei herzförmige Backformen von 20 cm Ø mit Ölspray einfetten und mit Backpapier auslegen.

In einer großen Schüssel des Elektromixers Öl, Eigelbe, Vanilleextrakt, hellbraunen Zucker und 400 ml Wasser gut vermengen.

Kakaopulver, Mehl, Natron und Salz sieben und sanft unter die Mischung heben.

In einer separaten Schüssel mit dem Elektromixer die Eiweiße aufschlagen, bis sie steife Spitzen bilden. Unter den Teig heben und mixen, bis alles gut vermengt ist.

Die Mischung vorsichtig in die vorbereiteten Backformen füllen und 20–25 Minuten backen. Die Biskuits sind fertig, wenn sie bei leichtem Druck zurückspringen und die Seiten sich von den Rändern der Form lösen. Es kann ein sauberes Messer in die Mitte des Biskuits gesteckt werden; ist das Biskuit fertig, kommt das Messer sauber heraus.

Die fertigen Biskuits aus dem Ofen nehmen und 10 Minuten ruhen lassen.

Sobald die Biskuits gerade noch warm sind, mit dem Messer um den Innenrand der Formen fahren, die Biskuits herausnehmen und auf einem Kuchengitter vollständig abkühlen lassen.

Die abgekühlten Biskuits in Frischhaltefolie wickeln und über Nacht bei Zimmertemperatur ruhen lassen. So bleibt die Feuchtigkeit erhalten und die Biskuits haben die richtige Konsistenz zur Weiterverarbeitung.

SCHOKOLADEN-GANACHE

Nach den Anweisungen auf Seite 13 unter Verwendung der Mengenangaben auf Seite 14 Schokoladen-Ganache herstellen.

MERINGUE-BUTTERCREME

Nach den Anweisungen auf Seite 10 unter Verwendung der Mengenangaben auf Seite 14 Meringue-Buttercreme herstellen.

SCHOKOLADEN-BUTTERCREME

Stellen Sie zunächst sicher, dass die Schokoladen-Ganache und die Meringue-Buttercreme dieselbe Temperatur und Textur haben; heben Sie dann vorsichtig 600 g Ganache unter 600 g Buttercreme. Die Mischung nicht zu heftig bearbeiten, da sie sich leicht trennt.

SCHICHTEN DER TORTE

Die Biskuits begradigen (s. S. 150), dann eine dünne Schicht Schokoladen-Buttercreme auf die Oberseiten der Böden streichen.

Etwas Schokoladen-Buttercreme in den Spritzbeutel geben und eine kleine Menge in jede Himbeere spritzen.

Die Himbeeren auf einem Biskuitboden anordnen und weitere Buttercreme zwischen die Himbeeren spritzen, bis sich eine gleichmäßige Oberfläche ergibt. Den nächsten Boden auflegen.

Eine weitere Schicht Himbeeren und Schokoladen-Buttercreme wie zuvor auf dem mittleren Boden anordnen, dann den letzten Biskuitboden darauflegen.

Die Torte auf einen Drehteller setzen und die Oberseite und die Seiten der Torte mit der verbliebenen Schokoladen-Buttercreme nach den Anweisungen (s. S. 152–153) ummanteln.

DEKORIEREN

Die Himbeeren auf der Oberseite der Torte großzügig verteilen.

Die Torte im Kühlschrank aufbewahren und bei Zimmertemperatur servieren. Gekühlt hält sich die Torte ca. 3 Tage.

BLAUBEEREN-BUTTERMILCH-TORTE

DIESE TORTE MÖCHTE ICH ALS PUBLIKUMSLIEBLING BEZEICHNEN, SO KÖSTLICH, SAFTIG UND CREMIG IST SIE; FAST ERINNERT SIE MICH AN EINEN MILKSHAKE. MAN KANN SIE ZU JEDER TAGESZEIT VERZEHREN, SOGAR ZUM FRÜHSTÜCK.

ZUTATEN

Für das Buttermilch-Biskuit
105 g Butter
275 g extrafeiner Zucker
½ TL Vanilleextrakt
2 Eier
250 g Mehl, gesiebt
1 Prise Salz
250 g Buttermilch
1 TL Natron
1¼ TL Weißweinessig
200 g Blaubeeren
2 EL Mehl

Für den Vanillesirup
150 ml Wasser
150 g extrafeiner Zucker
1 EL Vanilleextrakt

Für das Vanille-Frosting
250 g Frischkäse, Vollfettstufe
250 g weiche Butter
625 g Puderzucker, gesiebt
1 EL Vanilleextrakt
Blaubeer-Konfitüre (zum Schichten)

Für die Dekoration
1 EL Blaubeeren
frische Minzeblätter (nach Belieben)

ARBEITSMITTEL

Grundausstattung zum Backen (s. S. 8)
Grundausstattung zum Schichten (s. S. 8)
3 flache Backformen, 15 cm Ø
Seitenschaber mit Muster
Spritzbeutel
runde Spritztülle Nr. 3

Ergibt 1 Torte von 15 cm Ø bzw. 8 großzügige Stücke.

ZUBEREITUNG

Das Biskuit 1 Tag im Voraus herstellen.

BUTTERMILCH-BISKUIT

Den Backofen auf 170 °C vorheizen.

Drei flache Backformen von 15 cm Ø mit Ölspray einfetten und mit Backpapier auslegen.

Butter, Zucker und Vanilleextrakt im Elektromixer mit Rühraufsatz bei mittlerer bis hoher Geschwindigkeit schlagen, bis die Mischung blass und luftig ist.

Die Eier in einem separaten Gefäß schlagen, dann langsam in die Buttermischung gießen und bei mittlerer Geschwindigkeit mit dem Rühraufsatz schlagen. Falls die Mischung gerinnt, 1 EL Mehl hinzufügen, sodass sie wieder bindet.

Sobald Butter, Zucker und Eier verbunden sind, Mehl und Salz in eine Schüssel sieben und nach und nach in kleinen Portionen zur Mischung hinzufügen, gefolgt von etwas Buttermilch, dabei auf niedriger Stufe schlagen. Den Vorgang wiederholen, bis die trockenen Zutaten und die Buttermilch vollständig hinzugefügt und gerade eben vermengt sind.

Natron in den Essig rühren und zügig unter die Mischung heben. Teig mit einem Gummispatel durcharbeiten, um sicherzustellen, dass alles gut vermengt ist.

Blaubeeren mit den verbliebenen 2 EL Mehl vermengen und sanft unter den Kuchenteig heben.

Den Teig in die vorbereiteten Backbleche geben und mithilfe eines abgewinkelten Palettenmessers vorsichtig zu den Rändern hin ausstreichen. Die Mischung sollte am Rand hoch stehen und in der Mitte eine Mulde bilden, um sicherzustellen, dass der Teig gleichmäßig backt. 20–25 Minuten backen.

Das Biskuit ist fertig, wenn es bei leichtem Druck zurückspringt und sich die Seiten von den Rändern der Form lösen. Es kann ein sauberes Messer in die Biskuitmitte gesteckt werden; wenn das Biskuit fertig ist, kommt das Messer sauber heraus.

Während die Biskuits backen, nach den Anweisungen auf Seite 13 Zuckersirup herstellen und mit Vanilleextrakt aromatisieren.

Die fertig gebackenen Biskuits aus dem Ofen nehmen und 10 Minuten in der Form ruhen lassen. Die Oberseiten der Biskuits mit Vanillesirup bestreichen (etwas Sirup für das Schichten über Nacht im Kühlschrank verwahren).

Wenn das Biskuit gerade noch warm ist, mit einem Messer am Innenrand der Form entlangfahren, das Biskuit herausnehmen und auf einem Kuchengitter vollständig abkühlen lassen.

Die Biskuits in Frischhaltefolie wickeln und über Nacht bei Zimmertemperatur ruhen lassen. So bleibt die Feuchtigkeit erhalten und die Biskuits bekommen die richtige Konsistenz für die Weiterverarbeitung.

VANILLE-FROSTING

Nach den Anweisungen auf Seite 12 Frischkäse-Frosting herstellen und Vanilleextrakt hinzufügen.

Mindestens 2 Stunden kühlen, bzw. bis das Frosting fest ist.

SCHICHTEN DER TORTE

Die drei Biskuitböden begradigen, die Oberflächen mit Vanillesirup tränken und die Torte schichten, dabei auf einen Boden Blaubeerkonfitüre und auf den nächsten Vanille-Frosting streichen (s. S. 150–151).

Die Oberseite und die Seiten der Torte ummanteln (s. S. 152–153) und mindestens 1 Stunde (abhängig von der Temperatur im Kühlschrank) kühlen.

DEKORIEREN

Die Torte nochmals mit einer großzügigen Schicht Vanille-Frosting überziehen und einen Seitenschaber mit gezacktem Rand um die Torte ziehen. Nochmals im Kühlschrank fest werden lassen.

Einen kleinen Spritzbeutel mit dem restlichen Vanille-Frosting füllen und ein Schlaufenmuster um den oberen Rand herum spritzen (s. S. 154).

Die Oberseite der Torte mit einem kleinen Bund aus Blaubeeren und Minzeblättern dekorieren.

Im Kühlschrank hält sich die Torte bis zu 5 Tage; am besten schmeckt sie jedoch innerhalb der ersten 3 Tage nach dem Backen. Bei Zimmertemperatur servieren.

MILCH-HONIG-TORTE

DIESE TORTE WECKT KINDHEITSERINNERUNGEN UND RUFT GEFÜHLE VON WOHLIGKEIT UND GLÜCK HERVOR. SIE SCHMECKT SO WIE IHR NAME VERHEISST UND BEGEISTERT KINDER UND ERWACHSENE GLEICHERMASSEN.

ZUTATEN

Für die Honigwabe
20 g Honig
25 g Glukose
100 g extrafeiner Zucker
1 TL Natron

Für das Buttermilch-Biskuit
9 Eiweiß
250 g extrafeiner Zucker
50 ml Vanilleextrakt
335 g Mehl
1½ EL Backpulver
1 Prise Salz
4 Eigelb
175 ml Buttermilch
75 g Honigwabe (s. o.)

Für den Honigsirup
150 ml Wasser
150 g extrafeiner Zucker
2 EL Honig

Für das Honig-Frosting
250 g Frischkäse, Vollfettstufe
250 g weiche Butter
625 g Puderzucker, gesiebt
4 EL Honig

Für die Dekoration
etwas Marzipan oder Zuckerpaste
essbarer Goldstaub (Puder oder Spray)

ARBEITSMITTEL

Grundausstattung zum Backen (s. S. 8)
Grundausstattung zum Schichten (s. S. 8)
Backblech
Zuckerthermometer
3 flache, runde Backformen, 15 cm Ø
Silikonform: Biene (s. S. 156)
weicher Künstlerpinsel

Ergibt 1 Torte von 15 cm Ø bzw. 8 großzügige Stücke.

ZUBEREITUNG

Die Honigwabe einige Stunden vor dem Backen herstellen und in einem luftdichten Behälter aufbewahren. Das Biskuit 1 Tag vor dem Schichten der Torte backen.

HONIGWABE

Ein Backblech mit Ölspray einfetten und mit Backpapier auslegen.

Honig, Glukose, extrafeinen Zucker und 40 ml Wasser in einem großen Topf zum Kochen bringen. Die Mischung auf 150 °C erhitzen, dann den Topf vorsichtig von der Kochplatte nehmen.

Mit dem Schneebesen das Natron unterheben, dann die Mischung sanft auf das vorbereitete Backblech gießen. Die Mischung nicht mit einem Spatel oder Palettenmesser verstreichen, da so die Blasen ausgestrichen würden. Stattdessen die Mischung direkt gleichmäßig über das Blech gießen.

Mindestens 30 Minuten auskühlen lassen. Zwei Drittel der abgekühlten Honigwabe in kleine Stücke brechen und den Rest mit Frischhaltefolie bedecken, damit die Masse keine Feuchtigkeit aus der Luft aufsaugen kann.

BUTTERMILCH-BISKUIT

Den Backofen auf 170 °C vorheizen.

Drei flache Backformen von 15 cm Ø mit Ölspray einfetten und mit Backpapier auslegen.

Die Eier trennen. Eiweiße in einen Elektromixer geben und mit dem Schneebesen-Aufsatz bei hoher Geschwindigkeit schlagen, bis sich weiche Spitzen bilden. Nach und nach Zucker und Vanilleextrakt hinzufügen, dann weiterschlagen, bis die Masse steif und glänzend ist.

Mehl, Backpulver und Salz in eine Schüssel sieben. Mit dem Rühraufsatz die Eiweißmischung bei niedriger Geschwindigkeit mixen, dabei nach und nach die Eigelbe einzeln unterrühren. Den Mixer auf niedriger Stufe laufen lassen, ein Drittel der gesiebten trockenen Zutaten zur Eimischung geben, gefolgt von einem Drittel der Buttermilch. Wiederholen, bis alles gut vermengt ist.

Die Honigwabe (ca. ein Drittel sollte für die Dekoration verbleiben) unterheben und die Mischung sanft in die vorbereiteten Backformen füllen. 20–25 Minuten, bzw. bis die Biskuits bei leichtem Druck nachgeben und ein hineingestecktes Spießchen sauber herauskommt, backen.

Die fertig gebackenen Biskuits aus dem Ofen nehmen und in den Formen ca. 10 Minuten abkühlen lassen.

Mit einem Messer um den Innenrand der Formen fahren, Biskuits herausnehmen und auf dem Kuchengitter vollständig abkühlen lassen.

Biskuits in Frischhaltefolie wickeln und über Nacht bei Zimmertemperatur ruhen lassen.

HONIGSIRUP

Nach den Anweisungen auf Seite 13 Zuckersirup herstellen. Honig zu dem noch warmen Zuckersirup hinzufügen und gut untermengen.

HONIG-FROSTING

Nach den Anweisungen auf Seite 12 Frischkäse-Frosting herstellen. Den Honig vorsichtig unterheben und das Frosting mindestens 2 Stunden kühlen.

SCHICHTEN DER TORTE

Die drei Biskuitböden begradigen und aufeinanderlegen, dabei Honig-Frosting und Honigsirup zwischen die Böden füllen (s. S. 150–151). Die Oberseite und die Seiten der Torte mit Honig-Frosting ummanteln (s. S. 152–153).

DEKORIEREN

Mithilfe der Silikonform eine Biene aus Marzipan oder Zucker herstellen. Die Biene mit Goldstaub bestäuben und trocknen lassen.

Die verbliebenen Honigwaben-Stücke mit Goldstaub bestäuben, in kleine Stücke brechen und auf der Oberseite der Torte verstreuen – allerdings erst in letzter Minute, da die Honigwabe zu schmelzen beginnt, sobald sie mit dem Frosting in Berührung kommt.

Die Biene an den Rand der Torte drücken und servieren.

Im Kühlschrank hält sich die Torte bis zu 5 Tage. Die Honigwabe beginnt jedoch 1 Tag, nachdem sie mit Luft und Feuchtigkeit in Berührung gekommen ist, zu schmelzen.

ROSEN-PISTAZIEN-TORTE

EINE SAFTIGE TORTE MIT NUSSIGER TEXTUR UND EINER LEICHTEN ROSENNOTE. ICH HABE SIE HIER MIT EINEM ZEITGENÖSSISCHEN SCHABLONENMUSTER DEKORIERT, ABER ES KÖNNEN EBENSO GUT FRISCHE ROSENBLÜTENBLÄTTER DARÜBERGESTREUT WERDEN, UM EINEN BESONDEREN ANLASS ZU FEIERN ODER ALS OPULENTES DESSERT ZU DIENEN.

ZUTATEN

Für das Pistazienbiskuit

200 g Butter
200 g extrafeiner Zucker
2 EL Pistazienpaste
4 Eier
100 g Pistazien, geröstet und fein gemahlen
200 g Mehl, mit 2 TL Backpulver gemischt
1 Prise Salz

Für den Zuckersirup

150 ml Wasser
150 g extrafeiner Zucker

Für die Rosen-Buttercreme

270 g extrafeiner Zucker
67 ml Wasser
330 g Butter
135 g Eiweiß
2 EL Rosenwasser (oder nach Geschmack)
rosa Lebensmittelfarbe

Für den Zuckerstaub

5 EL Puderzucker
½ TL essbarer grüner Staub

ARBEITSMITTEL

Grundausstattung zum Backen (s. S. 8)
Grundausstattung zum Schichten (s. S. 8)
3 flache, runde Backformen, 15 cm Ø
Tortenschablone mit floralem Motiv (ich verwende eine Schablone aus meiner eigenen Kollektion, aber online sind auch andere erhältlich)
kleiner Plastikbeutel

Ergibt 1 Torte von 15 cm Ø bzw. 8 großzügige Stücke.

ZUBEREITUNG

Das Biskuit 1 Tag im Voraus herstellen.

PISTAZIENBISKUIT

Den Backofen auf 175 °C vorheizen.

Drei flache Backformen von 15 cm Ø mit Ölspray einfetten und mit Backpapier auslegen.

Butter, Zucker und Pistazienpaste im Elektromixer mit Rühraufsatz bei mittlerer bis hoher Geschwindigkeit schlagen, bis die Masse blass und luftig ist.

In einem separaten Gefäß die Eier leicht schlagen und, während der Mixer auf mittlerer Geschwindigkeit läuft, langsam in die Buttermischung gießen. Die gemahlenen Pistazien hinzufügen und schlagen, bis alles gut vermengt ist.

Mehl und Salz zusammensieben und sanft unter die Mischung heben.

Den Teig in die Formen füllen und mit einem abgewinkelten Palettenmesser sanft zu den Rändern streichen. 20–25 Minuten backen.

Die Biskuits sind fertig gebacken, wenn sie bei leichtem Druck zurückspringen und sich die Seiten von den Rändern der Backform lösen. Um sicherzugehen, kann ein sauberes Messer in die Mitte des Biskuits gesteckt werden; wenn das Biskuit fertig gebacken ist, kommt das Messer sauber heraus.

Während die Biskuits im Ofen sind, nach den Anweisungen auf Seite 13 Zuckersirup herstellen.

Die fertig gebackenen Biskuits aus dem Ofen nehmen und 10 Minuten in der Form ruhen lassen. Die Oberseiten der Biskuits mit Sirup bestreichen (etwas Sirup für das Schichten über Nacht im Kühlschrank verwahren).

Mit einem Messer um den Innenrand der Form fahren, Biskuits herausnehmen und auf dem Kuchengitter vollständig abkühlen lassen.

Die Biskuits in Frischhaltefolie wickeln und über Nacht bei Zimmertemperatur ruhen lassen. So kann die Flüssigkeit nicht entweichen und die Biskuits haben die richtige Konsistenz für die Weiterverarbeitung.

ROSEN-MERINGUE-BUTTERCREME

Nach den Anweisungen auf Seite 10 Meringue-Buttercreme herstellen.

Rosenwasser nach Geschmack und etwas rosa Lebensmittelfarbe hinzufügen und gut vermengen. Die Mischung nicht zu sehr bearbeiten, da sie sich leicht trennt.

ZUCKERSTAUB

Puderzucker und grünen Staub in einen kleinen Plastikbeutel geben und gut vermengen.

SCHICHTEN DER TORTE

Die drei Biskuits begradigen und mit Zuckersirup tränken. Böden schichten, dabei die Rosen-Meringue-Buttercreme als Füllung verwenden (s. S. 150–151).

Die Oberseite und die Seiten der Torte mit der verbliebenen Rosen-Meringue-Buttercreme ummanteln (s. S. 152–153). Die Torte nochmals kühlen.

DEKORIEREN

Wenn die letzte Schicht Buttercreme fest und kalt geworden ist, die florale Schablone so auf der Oberseite der Torte platzieren, dass sie auf einer Seite der Torte überhängt (Wenn die Buttercreme nicht ganz fest ist, kann die Schablone kleben bleiben und beim Abnehmen eine unsaubere Stelle hinterlassen). Den Zuckerstaub über die Schablone streuen und darauf achten, dass alle Ausschnitte gut bestäubt sind. Die Schablone vorsichtig abheben, auf die gegenüberliegende Seite der Torte legen und wiederum bestäuben.

Die Torte sofort servieren, bzw. im Kühlschrank aufbewahren und bei Zimmertemperatur servieren. Am besten schmeckt sie innerhalb der ersten 3 Tage nach dem Backen. Im Kühlschrank hält sich die Torte bis zu 1 Woche.

SCHNEEBALL-TORTE

EINE SEHR LEICHTE UND DENNOCH OPULENTE TORTE MIT CREMIGER KOKOS-TEXTUR UND EINEM NUSSIGEN MANDELBISKUIT.

ZUTATEN

Für das Mandelbiskuit

3 Eier, Größe L, getrennt
1 TL Vanilleextrakt
110 g extrafeiner Zucker
1 Prise Salz
45 g Maismehl
½ TL Backpulver
90 g gemahlene Mandeln

Für den Vanillesirup

150 ml Wasser
150 g Zucker
1 TL Vanilleextrakt (oder nach Geschmack)

Für die Kokos-Meringue-Buttercreme

270 g extrafeiner Zucker
67 ml Wasser
135 g Eiweiß
330 g Butter
15 g Bio-Kokosnuss-Creme

Zum Dekorieren

Kokosraspel

ARBEITSMITTEL

Grundausstattung zum Backen (s. S. 8)
Grundausstattung zum Schichten (s. S. 8)
3 flache, runde Backformen, 15 cm Ø

Ergibt 1 Torte von 15 cm Ø bzw. 8 großzügige Stücke.

ZUBEREITUNG

Das Biskuit 1 Tag im Voraus herstellen.

MANDELBISKUIT

Den Backofen auf 175 °C vorheizen.

Drei flache Backformen von 15 cm Ø mit Ölspray einfetten und mit Backpapier auslegen.

Im Elektromixer die Eigelbe mit dem Vanilleextrakt aufschlagen. Den Mixer auf hohe Geschwindigkeit stellen und nach und nach 60 g extrafeinen Zucker hinzufügen. Ca. 5 Minuten schlagen, bis die Masse blass, dick und hell ist. Eigelbmischung in eine große Schüssel füllen und zur Seite stellen.

Eiweiße und Salz im Elektromixer bei mittlerer Geschwindigkeit schlagen, bis sich weiche Spitzen bilden. Auf hohe Geschwindigkeit stellen und nach und nach den verbliebenen Zucker hinzufügen. Ca. 4 Minuten schlagen, bis die Masse steif und glänzend ist.

Die Eiweißmischung unter die Eigelbmischung heben.

Die verbliebenen trockenen Zutaten in Drittel-Portionen unter die Eimischung heben.

Den Teig in die vorbereiteten Backformen geben und mit dem abgewinkelten Palettenmesser sanft an die Ränder streichen. Die Mischung sollte an den Rändern höher sein als in der Mitte, damit das Biskuit gleichmäßig backt.

25–30 Minuten backen. Das Biskuit ist fertig gebacken, wenn es bei leichtem Druck zurückspringt und sich an den Seiten von den Rändern der Form löst. Um sicherzugehen, kann ein sauberes Messer in die Biskuitmitte gesteckt werden; wenn das Biskuit fertig gebacken ist, kommt das Messer sauber heraus.

Während das Biskuit backt, nach den Anweisungen auf Seite 13 Zuckersirup herstellen und abkühlen lassen. Nach Geschmack Vanilleextrakt hinzufügen.

Die fertig gebackenen Biskuits aus dem Ofen nehmen und in der Form 10 Minuten ruhen lassen.

Die Oberflächen der Biskuits mit Vanillesirup bestreichen.

Sobald die Biskuits gerade noch warm sind, mit einem Messer um den Innenrand der Form fahren, die Biskuits herausnehmen und auf einem Kuchengitter vollständig abkühlen lassen.

Die abgekühlten Biskuits in Frischhaltefolie wickeln und über Nacht bei Zimmertemperatur ruhen lassen. So bleiben sie schön feucht und haben die richtige Konsistenz zur Weiterverarbeitung.

KOKOS-MERINGUE-BUTTERCREME

Nach den Anweisungen auf Seite 10 Meringue-Buttercreme herstellen.

Nach der Packungsbeilage die Kokosnuss-Creme herstellen und sanft unter die Meringue-Buttercreme heben.

SCHICHTEN DER TORTE

Die drei Biskuitböden begradigen und schichten, die Kokos-Meringue-Buttercreme dabei als Füllung verwenden (s. S. 150–151).

Die Oberseite und die Seiten der Torte mit der verbliebenen Buttercreme ummanteln (s. S. 152–153).

DEKORIEREN

Kokosraspel in eine mittelgroße Schüssel geben. Die gekühlte Torte schräg über die Schüssel halten und die Kokosraspel um die Seite herum andrücken. Überschüssige Kokosraspel in der Schüssel auffangen.

Im Kühlschrank hält sich die Torte bis zu 5 Tage; am besten schmeckt sie jedoch innerhalb der ersten 3 Tage nach dem Backen. Bei Zimmertemperatur servieren.

SALZKARAMELL-TORTE

DIESE TORTE ROCKT! EINE BESSERE BESCHREIBUNG KANN ICH MIR NICHT VORSTELLEN. DIESER LECKERBISSEN IST ZUGLEICH GLATT, CREMIG, KLEBRIG, SÜSS UND SALZIG UND STROTZT NUR SO VON SCHOKOLADE UND KARAMELL.

ZUTATEN

Für das Karamellbiskuit
55 g Butter
125 g extrafeiner Zucker
75 g dunkelbrauner Zucker
2 TL Vanilleextrakt
2 Eier
140 g Mehl
120 ml Buttermilch
7,5 ml Weißweinessig
½ TL Natron

Für das Schokoladenbiskuit
100 g Butter
340 g hellbrauner Zucker
100 g Schokodrops (53 % Kakaoanteil)
150 ml Milch
3 Eier, Größe M
225 g Mehl
2 ¼ EL Kakaopulver
¾ TL Natron
¾ TL Backpulver
1 Prise Salz

Für das Vanillebiskuit
100 g Butter
100 g extrafeiner Zucker
½ TL Vanilleextrakt
2 Eier, Größe M
100 g Mehl, mit 1 TL Backpulver gemischt und gesiebt
1 Prise Salz

Für den Vanillesirup
200 ml Wasser
200 g Zucker
1 EL Vanilleextrakt

Für das Salzkaramell
450 g Zucker
45 g Glukose
300 g Sahne, leicht erhitzt
120 g Butter
½ TL Salz

Für die Schokoladen-Ganache
600 g Schokodrops (53 % Kakaoanteil)
450 g Sahne
60 g Glukose

ARBEITSMITTEL

Grundausstattung zum Backen (s. S. 8)
Grundausstattung zum Schichten (s. S. 8)
1 flache runde Backform, 20 cm Ø
Spritzbeutel
Cocktailspieß

Ergibt 1 runde Torte von 20 cm Ø bzw. 12–16 großzügige Stücke.

ZUBEREITUNG

Die Biskuits 1 Tag im Voraus herstellen.

KARAMELLBISKUIT

Den Backofen auf 175 °C vorheizen.

Eine flache Backform von 20 cm Ø mit Ölspray einfetten und mit Backpapier auslegen.

Butter, extrafeinen Zucker, dunkelbraunen Zucker und Vanilleextrakt im Elektromixer mit Rühraufsatz bei mittlerer bis hoher Geschwindigkeit schlagen, bis die Masse blass und luftig ist.

Die Eier leicht schlagen und, während der Mixer auf mittlerer Geschwindigkeit läuft, die Eimasse langsam zur Mischung hinzufügen. Sollte die Mischung gerinnen, 1 EL Mehl zugeben, damit sie wieder bindet.

Mehl und Buttermilch bei niedriger Geschwindigkeit untermengen, bis alles gerade eben vermengt ist.

Essig und Natron mischen. Zügig und locker unter den Kuchenteig heben. Teig mit dem Gummispatel durcharbeiten.

Den Teig in die vorbereitete Backform geben und mit dem abgewinkelten Palettenmesser sanft an die Ränder streichen. 25–30 Minuten backen.

Das Biskuit ist fertig gebacken, wenn es bei leichtem Druck nachgibt und sich die Seiten von den Rändern der Form lösen. Ein in die Mitte gestecktes, sauberes Messer sollte sauber herauskommen. Biskuit aus dem Ofen nehmen und 10 Minuten in der Form ruhen lassen.

Während das Biskuit backt, nach den Anweisungen auf Seite 13 und unter Verwendung der auf Seite 34 angegebenen Mengen Vanillesirup herstellen.

Das fertig gebackene Biskuit aus dem Ofen nehmen und 10 Minuten ruhen lassen. Die Oberseite des Biskuits mit Vanillesirup bestreichen.

Sobald das Biskuit gerade eben noch warm ist, mit einem Messer um den Innenrand der Form fahren, das Biskuit herausnehmen und auf einem Kuchengitter vollständig abkühlen lassen. Das kalte Biskuit in Frischhaltefolie wickeln und über Nacht bei Zimmertemperatur ruhen lassen.

SCHOKOLADENBISKUIT

Den Backofen auf 160 °C vorheizen.

Eine flache Backform von 20 cm Ø mit Ölspray einfetten und mit Backpapier auslegen.

Butter und die Hälfte des braunen Zuckers im Elektromixer mit Rühraufsatz bei mittlerer bis hoher Geschwindigkeit schlagen, bis die Masse blass und luftig ist.

In der Zwischenzeit Schokodrops, Milch und verbliebenen Zucker in einem hohen Topf unter gelegentlichem Umrühren zum Kochen bringen.

Nach und nach die Eier einzeln in den Mixer geben. Mehl, Kakaopulver, Natron, Backpulver und Salz zusammensieben und zur Mischung geben, während der Mixer auf niedriger Stufe läuft.

Die heiße Schokoladen-Mischung langsam zum Teig hinzufügen, während der Mixer auf niedriger Stufe läuft. Vorsicht, die Mischung könnte spritzen. Sobald alles zusammengefügt ist, den heißen Teig in die vorbereitete Backform geben.

20–30 Minuten backen. Ein sauberes, in die Mitte gestecktes Messer sollte fast sauber herauskommen; das Schokokoladenbiskuit sollte eine leicht klebrige Textur haben.

Das fertig gebackene Biskuit 10 Minuten ruhen lassen, dann auf dem Kuchengitter abkühlen lassen. In Frischhaltefolie wickeln und über Nacht bei Raumtemperatur ruhen lassen.

VANILLEBISKUIT

Den Backofen auf 175 °C vorheizen.

Eine flache Backform von 20 cm Ø mit Ölspray einfetten und mit Backpapier auslegen.

Butter, Zucker und Vanilleextrakt im Elektromixer mit Rühraufsatz bei mittlerer bis hoher Geschwindigkeit schlagen, bis die Masse blass und luftig ist.

Eier in einem separaten Gefäß leicht schlagen und langsam in die Mischung gießen, während der Mixer bei mittlerer Geschwindigkeit läuft. Falls die Mischung gerinnt, 1 EL Mehl hinzufügen, damit sie wieder bindet.

Wenn alles gut vermengt ist, Mehl und Salz bei niedriger Geschwindigkeit hinzufügen. Den Teig mit einem Gummispatel durcharbeiten, um sicherzustellen, dass alles gut vermengt ist.

Den Teig in die vorbereiteten Backformen geben und mit dem abgewinkelten Palettenmesser sanft an die Ränder streichen. Die Mischung sollte an den Rändern höher sein als in der Mitte, damit das Biskuit gleichmäßig backt.

20–25 Minuten backen. Prüfen, ob das Biskuit fertig gebacken ist. Ein in die Mitte gestecktes Messer sollte sauber herauskommen.

Das fertig gebackene Biskuit aus dem Ofen nehmen und 10 Minuten in der Form ruhen lassen. Die Oberseite des Biskuits mit Vanillesirup bestreichen.

Sobald die Biskuits gerade noch warm sind, mit einem Messer um den Innenrand der Form fahren, die Biskuits herausnehmen und auf einem Kuchengitter vollständig abkühlen lassen.

Die abgekühlten Biskuits in Frischhaltefolie wickeln und über Nacht bei Zimmertemperatur ruhen lassen.

SALZKARAMELL
Zucker, Glukose und 150 ml Wasser in einem mittleren Topf bei schwacher Hitze erhitzen, dabei ständig mit dem Gummispatel umrühren. Der Zucker schmilzt während des Rührens zu einer bernsteinfarbenen, dicken Flüssigkeit. Zucker nicht anbrennen lassen.

Sobald der Zucker karamellisiert ist, die Sahne hinzufügen. Hier ist Vorsicht geboten, da der Karamell heftig blubbert, wenn die Sahne hinzugegossen wird.

Butter zum Karamell geben und umrühren, bis die Butter geschmolzen ist. Die Mischung 1 Minute kochen lassen. Vorsicht, sie wird dabei heftig aufkochen.

Den Karamell von der Kochplatte nehmen und ½ TL Salz einrühren. Gut abdecken und vor der Weiterverarbeitung kühlen.

SCHOKOLADEN-GANACHE
Nach den Anweisungen auf Seite 13 Ganache mit den auf Seite 34 angegebenen Mengen herstellen; bei Zimmertemperatur abkühlen lassen.

SCHICHTEN DER TORTE
Die drei Biskuitböden begradigen. Einen Spritzbeutel mit Schokoladen-Ganache füllen und jeweils einen Ganache-Kranz um den Rand des Schokoladen- bzw. Karamellbiskuits spritzen.

Mit dem Palettenmesser jeden Kranz mit Salzkaramell auffüllen, dann die Böden aufeinanderschichten: erst das Schokoladenbiskuit, dann das Karamellbiskuit und zuletzt das Vanillebiskuit (s. S. 150–151). Die Torte auf einen Drehteller setzen und mit Schokoladen-Ganache ummanteln (s. S. 152–153). Mindestens 2 Stunden kühlen.

DEKORIEREN
Ein Kuchengitter auf eine große Platte oder ein Backblech setzen. Die verbliebene Ganache in einen mikrowellengeeigneten Krug geben und in der Mikrowelle erhitzen, bis sie glatt und gießfähig ist.

Die Torte auf das Kuchengitter setzen und die Ganache so darübergießen, dass die Seiten gut bedeckt sind (1–3). Mit einem großen Palettenmesser die Oberseite glätten und überschüssige Ganache entfernen (4).

Den verbliebenen Salzkaramell in einen Spritzbeutel geben und ein Spiralmuster auf die Oberseite der Torte spritzen. Für das Spritzen zu steif gewordener Karamell in der Mikrowelle erweichen (5–7).

Mit einem Zahnstocher von der Mitte aus sternförmig Linien über die Spirale zu den Rändern hin ziehen, um ein Spinnweben-Muster zu zeichnen (8–9).

Mit einem großen Palettenmesser die Torte vorsichtig vom Kuchengitter heben und auf einen Tortenständer setzen.

Damit die Ganache schön glänzt, die Glasur bei Zimmertemperatur fest werden lassen.

Auf die Platte getropfte Ganache kann wiederverwendet werden. Verbliebene Ganache kann bis zu 2 Wochen in einem luftdichten Behälter im Kühlschrank aufbewahrt werden.

Die Torte bei Zimmertemperatur servieren. Am besten schmeckt sie innerhalb der ersten 3 Tage nach dem Backen. Sie hält sich jedoch im Kühlschrank mindestens 1 Woche.

SALZKARAMELL-TORTE

VANILLE-WOLKEN-TORTE

WIE DER NAME SCHON SAGT, HANDELT ES SICH HIER UM EINE TORTE MIT HIMMLISCH LEICHTER TEXTUR, DIE AUF DER ZUNGE ZERGEHT. SIE IST DIE PERFEKTE TORTE FÜR KINDERGEBURTSTAGE.

ZUTATEN

Für das Chiffon-Biskuit
80 g Eigelb
1 EL Vanilleextrakt
225 g extrafeiner Zucker
75 ml Pflanzenöl
165 g Eiweiß
1 Prise Weinsteinpulver
1 Prise Salz
225 g Mehl
15 g Backpulver
120 ml Milch

Für die Vanille-Meringue-Buttercreme
270 g extrafeiner Zucker
67 ml Wasser
135 g Eiweiß
330 g Butter
1 EL Vanilleextrakt
etwas rosa Lebensmittelfarbpaste

Für den Vanillesirup
150 ml Wasser
150 g extrafeiner Zucker
1 EL Vanilleextrakt

Für die Dekoration
Puderzucker zum Bestäuben

ARBEITSMITTEL

Grundausstattung zum Backen (s. S. 8)
Grundausstattung zum Schichten (s. S. 8)
3 flache, runde Backformen, 15 cm Ø
Bögen und Schwünge oder eine Wolkenschablone (beides erhältlich aus Peggy's Sugarcraft Collection)

Ergibt 1 rosa Torte von 15 cm Ø bzw. 8 großzügige Stücke.
Für 1 Torte von 25 cm Ø die Mengenangaben verdreifachen.

ZUBEREITUNG

Das Biskuits 1 Tag im Voraus herstellen.

CHIFFON-BISKUIT

Den Backofen auf 175 °C vorheizen.

Drei flache Backformen von 15 cm Ø mit Ölspray einfetten und mit Backpapier auslegen.

Eigelbe, Vanilleextrakt und etwas Zucker im Mixer mit Schneebesen-Aufsatz blass und luftig schlagen. Das Öl langsam hinzufügen und die Masse weiter schlagen, bis die Masse dick und blass ist.

Eiweiße, Weinsteinpulver und Salz im Mixer unter Verwendung des Schneebesen-Aufsatzes bei mittlerer bis hoher Geschwindigkeit schlagen, bis die Mischung weiche Spitzen zeigt.

Bei laufendem Mixer langsam den verbliebenen Zucker hinzufügen und schlagen, bis die Mischung glänzt und steife Zipfel hält.

Mehl und Backpulver in kleinen Portionen zur Eigelbmischung geben, jede Zugabe sanft unterheben. Die Milch hinzufügen und die steifen Eiweiße unterheben.

Den Teig in die vorbereiteten Backformen geben und mit dem abgewinkelten Palettenmesser sanft an die Ränder streichen. Die Mischung sollte an den Rändern höher sein als in der Mitte, damit das Biskuit gleichmäßig backt.

20–25 Minuten backen. Das Biskuit ist fertig gebacken, wenn ein in die Mitte gestecktes sauberes Messer sauber herauskommt.

Während die Biskuits backen, nach den Anweisungen auf Seite 13 Zuckersirup herstellen, Vanilleextrakt hinzufügen und alles gut vermengen.

Die Biskuits aus dem Ofen nehmen und in den Formen 10 Minuten ruhen lassen. Die Oberseiten mit Vanillesirup bestreichen (etwas Sirup für das Schichten über Nacht im Kühlschrank verwahren).

Sobald die Biskuits gerade noch warm sind, mit einem Messer um den Innenrand der Form fahren, die Biskuits herausnehmen und auf einem Kuchengitter vollständig abkühlen lassen.

Die abgekühlten Biskuits in Frischhaltefolie wickeln und über Nacht bei Zimmertemperatur ruhen lassen.

VANILLE-MERINGUE-BUTTERCREME

Nach den Anweisungen auf Seite 10 Meringue-Buttercreme herstellen.

Etwas Buttercreme mit Vanilleextrakt und ein wenig rosa Lebensmittelfarbe vermengen, bis sich die Farbpaste vollständig aufgelöst hat.

Die Mischung langsam zur verbliebenen Buttercreme geben und sanft unterheben.

SCHICHTEN DER TORTE

Die Biskuitböden begradigen, mit Vanillesirup tränken und unter Verwendung der rosa Vanille-Meringue-Buttercreme schichten (s. S. 150–151).

Die Torte auf einen Drehteller setzen und die Oberseite und die Seiten mit der verbliebenen Meringue-Buttercreme ummanteln (s. S. 151–151).

DEKORIEREN

Die Tortenschablone auf der Oberseite der kalten, ummantelten Torte zentrieren und die Oberfläche großzügig mit Puderzucker bestreuen.

Die Schablone vorsichtig von der Torte heben.

Die Torte sofort servieren, bzw. im Kühlschrank aufbewahren und bei Zimmertemperatur servieren. Am besten schmeckt die Torte innerhalb der ersten 3 Tage nach dem Backen, sie hält sich jedoch bis zu 1 Woche im Kühlschrank.

HELLBLAUE WOLKENTORTE

Die Mengen im Biskuit-Rezept verdreifachen und in drei flachen Backformen von 25 cm Ø backen.

Jeden Boden halbieren und schichten, dabei die Vanille-Meringue-Buttercreme mit hellblauer Lebensmittelfarbe vermengen, bis sich die Farbpaste vollständig aufgelöst hat.

Mit der hellblauen Vanille-Meringue-Buttercreme ummanteln und unter Verwendung der Wolkenschablone dekorieren.

KEKS-SAHNE-TORTE

NACH DEM GROSSEN ERFOLG MEINER CUPCAKE-VERSION DIESER TORTE – DIE EINER MEINER KUNDEN ALS „LEBENSVERÄNDERND" BESCHRIEB – FÜHLTE ICH MICH VERPFLICHTET, AUCH EINE ENTSPRECHENDE SCHICHTTORTE ZU ERSCHAFFEN. MAL SEHEN, WAS SIE DAZU SAGEN …

ZUTATEN

Für das Keks-Sahne-Biskuit
300 g Butter
300 g extrafeiner Zucker
1 EL Vanilleextrakt
6 Eier
300 g Mehl, mit 10 g Backpulver gemischt
¾ TL Backpulver
1 Prise Salz
150 g Oreo®-Kekse, zerstoßen

Für den Vanillesirup
150 ml Wasser
150 g Zucker
1 TL Vanilleextrakt

Für das Keks-Frosting
250 g Frischkäse
250 g weiche Butter
625 g Puderzucker, gesiebt
1 EL Vanilleextrakt
200 g Oreo®-Kekse, fein zerstoßen

Für die Dekoration
16 Mini-Oreo®-Kekse

ARBEITSMITTEL

Grundausstattung zum Backen (s. S. 8)
Grundausstattung zum Schichten (s. S. 8)
4 flache, runde Backformen, 15 cm Ø
Spritzbeutel
mittlere runde Spritztülle

Ergibt 1 runde Torte von 15 cm Ø bzw. 8 großzügige Stücke.

ZUBEREITUNG

Die Biskuits 1 Tag im Voraus herstellen.

KEKS-SAHNE-BISKUIT

Den Backofen auf 170 °C vorheizen.

Vier flache Backformen von 15 cm Ø mit Ölspray einfetten und mit Backpapier auslegen.

Butter, Zucker und Vanilleextrakt im Elektromixer mit Rühraufsatz bei mittlerer bis hoher Geschwindigkeit schlagen, bis die Masse blass und luftig ist.

In einem separaten Gefäß die Eier leicht schlagen und, während der Mixer auf mittlerer Geschwindigkeit läuft, langsam in die Buttermischung gießen. Falls die Mischung gerinnt, 1 EL Mehl hinzufügen, damit sie wieder bindet.

Mehl, Backpulver und Salz einsieben und unterheben, bis alles gerade eben zusammengefügt ist.

Die zerstoßenen Kekse hinzufügen.

20–25 Minuten backen. Das Biskuit ist fertig gebacken, wenn es bei leichtem Druck zurückspringt und sich an den Seiten von den Rändern der Form löst. Um sicherzugehen, kann ein sauberes Messer in die Biskuitmitte gesteckt werden; wenn das Biskuit fertig gebacken ist, kommt das Messer sauber heraus.

Während die Biskuits im Ofen sind, nach den Anweisungen auf Seite 13 Vanille-Zuckersirup herstellen. Nach Geschmack Vanilleextrakt hinzufügen.

Die fertigen Biskuits aus dem Ofen nehmen und 10 Minuten ruhen lassen.

Die Oberseiten der Biskuits mit Vanillesirup bestreichen (etwas Sirup für das Schichten über Nacht im Kühlschrank aufbewahren).

Sobald die Biskuits gerade noch warm sind, mit einem Messer um den Innenrand der Form fahren, die Biskuits herausnehmen und auf einem Kuchengitter vollständig abkühlen lassen.

Die abgekühlten Biskuits in Frischhaltefolie wickeln und über Nacht bei Zimmertemperatur ruhen lassen. So bleiben sie schön feucht und haben die richtige Konsistenz zur Weiterverarbeitung.

KEKS-FROSTING

Nach den Anweisungen auf Seite 12 Frischkäse-Frosting herstellen.

Vanilleextrakt und zerstoßene Oreo-Kekse sanft unterheben und mindestens 2 Stunden kühlen, bis das Frosting fest ist.

SCHICHTEN DER TORTE

Die vier Biskuitböden begradigen, mit Vanillesirup tränken und schichten, dabei das Keks-Frosting als Füllung verwenden (s. S. 150–151).

Die Oberseite und die Seiten der Torte mit übrigen Keksen und Frosting ummanteln (s. S. 152–153).

DEKORIEREN

Verbliebenes Keks-Frosting in einen Spritzbeutel mit mittlerer runder Tülle geben.

In gleichmäßigem Abstand 16 Tupfen um den Rand der Oberseite spritzen und diese jeweils mit einem Mini-Oreo-Keks garnieren.

Die Torte schmeckt am besten innerhalb der ersten 3 Tage nach dem Backen, sie hält sich jedoch im Kühlschrank bis zu 5 Tage. Bei Zimmertemperatur servieren.

ZITRONEN-HIMBEER-ROSEN-TORTE

EINE WUNDERBARE KOMBINATION VON AROMEN, BESONDERS GEEIGNET FÜR EINE SOMMERPARTY. ICH HABE DIE TORTE ZEITGENÖSSISCH GESTALTET, INDEM ICH EINE DICHTE, EINFARBIGE SCHICHT AUS KRISTALLISIERTEN ROSENBLÜTENBLÄTTERN AUF DIE OBERSEITE AUFGESTREUT HABE.

ZUTATEN

Für das Zitronenbiskuit

200 g Butter
1 Prise Salz
200 g extrafeiner Zucker
abgeriebene Schale von 2 unbehandelten Zitronen
4 Eier, Größe M, zimmerwarm
200 g Mehl, mit 7 g Backpulver gemischt und gesiebt

Für den Zitronensirup

150 ml Zitronensaft
150 g extrafeiner Zucker

Für die Himbeer-Meringue-Buttercreme

270 g extrafeiner Zucker
67 ml Wasser
135 g Eiweiß
330 g Butter
160 g Himbeerpüree
Himbeerextrakt (nach Geschmack)

Für die Dekoration

3 EL gehackte, kristallisierte Rosenblütenblätter
Puderzucker und frische Himbeeren (nur für die traditionelle Variante)

ARBEITSMITTEL

Grundausstattung zum Backen (s. S. 8)
Grundausstattung zum Schichten (s. S. 8)
3 flache, runde Backformen, 15 cm Ø
nur für die traditionelle Variante: Peggys Tortenschablone (im Buch enthalten)
Spritzbeutel
mittlere Sterntülle

Ergibt 1 Torte von 15 cm Ø bzw. 8 großzügige Stücke.

ZUBEREITUNG

Die Biskuits 1 Tag im Voraus herstellen.

ZITRONENBISKUIT

Den Backofen auf 175 °C vorheizen.

Drei flache Backformen von 15 cm Ø mit Ölspray einfetten und mit Backpapier auslegen.

Butter, extrafeinen Zucker und abgeriebene Zitronenschale im Elektromixer mit Rühraufsatz bei mittlerer bis hoher Geschwindigkeit schlagen, bis die Masse blass und luftig ist.

Die Eier in einem separaten Gefäß leicht schlagen und, während der Mixer auf mittlerer Geschwindigkeit läuft, langsam in die Buttermischung gießen. Falls die Mischung gerinnt, 1 EL Mehl hinzufügen, damit sie wieder bindet.

Wenn Butter, Zucker und Eier vermengt sind, das Mehl in den auf niedriger Stufe laufenden Mixer geben.

Den Teig mit einem Gummispatel durcharbeiten, um sicherzustellen, dass alles gut vermengt ist.

Den Teig in die vorbereiteten Backformen geben und mit dem abgewinkelten Palettenmesser sanft an die Ränder streichen. Die Mischung sollte an den Rändern höher sein als in der Mitte, damit das Biskuit gleichmäßig backt.

20–25 Minuten backen. Das Biskuit ist fertig gebacken, wenn es bei leichtem Druck zurückspringt und sich an den Seiten von den Rändern der Form löst. Um sicherzugehen, kann ein sauberes Messer in die Biskuitmitte gesteckt werden; wenn das Biskuit fertig gebacken ist, kommt das Messer sauber heraus.

Während die Biskuits backen, nach den Anweisungen auf Seite 13 Zitronen-Zuckersirup herstellen, dabei jedoch das Wasser durch Zitronensaft ersetzen.

Die fertig gebackenen Biskuits aus dem Ofen nehmen und in den Formen 10 Minuten ruhen lassen. Die Oberseiten der Biskuits mit Zitronensirup bestreichen (etwas Sirup für das Schichten über Nacht im Kühlschrank verwahren).

Sobald die Biskuits gerade noch warm sind, mit einem Messer um den Innenrand der Form fahren, die Biskuits herausnehmen und auf einem Kuchengitter vollständig abkühlen lassen.

Die abgekühlten Biskuits in Frischhaltefolie wickeln und über Nacht bei Zimmertemperatur ruhen lassen.

HIMBEER-MERINGUE-BUTTERCREME

Das Himbeerpüree in einen kleinen Topf geben, zum Kochen bringen und köcheln lassen, bis die Flüssigkeit auf die Hälfte reduziert ist. Die Creme vollständig abkühlen lassen.

Nach den Anweisungen auf Seite 10 Meringue-Buttercreme herstellen.

Etwas Meringue-Buttercreme zum Himbeerpüree geben und mixen, bis alles gut verbunden ist.

Sanft unter die verbliebene Meringue-Buttercreme heben und nach Geschmack Himbeerextrakt hinzufügen. Falls sich die Mischung trennt, mit dem Elektromixer glatt schlagen.

SCHICHTEN DER TORTE

Die drei Biskuitböden begradigen, mit Zitronensirup tränken und schichten, dabei die Himbeer-Meringue-Buttercreme als Füllung verwenden. Wenn Sie die traditionelle Tortenvariante herstellen möchten, streuen Sie kristallisierte Rosenblütenblattstücke zwischen die einzelnen Schichten (s. S. 150–151).

Die Oberseite und die Seiten der Torte mit Meringue-Buttercreme ummanteln (s. S. 152–153).

DEKORIEREN

Die kristallisierten Rosenblütenblattstücke großzügig auf der Oberseite der Torte verstreuen.

Bei der Herstellung der traditionellen Tortenvariante verwenden Sie die Schablone und eine große Portion Puderzucker zum Bestäuben. Spritzen Sie dann einen Kranz aus kleinen Rosetten auf die Himbeer-Meringue-Buttercreme um den oberen Rand und verwenden Sie frische Himbeeren zum Garnieren.

VEILCHEN-TORTE

DIESES REZEPT ENTSTAND ZU EHREN EINES HÜBSCHEN SÜDFRANZÖSISCHEN KÜNSTLERDORFS NAMES TOURRETTES SUR LOUP, WO ICH MICH IM VORIGEN SOMMER AUFHIELT. ES IST BERÜHMT FÜR SEINE VEILCHENKULTUR UND -CONFISERIE, DIE MICH DAZU INSPIRIERTEN, DIESE KÖSTLICHE, ELEGANTE TORTE ZU ERSCHAFFEN.

ZUTATEN

Für das Chiffon-Biskuit
80 g Eigelb
225 g extrafeiner Zucker
75 ml Pflanzenöl
165 g Eiweiß
1 Prise Weinsteinpulver
1 Prise Salz
2 TL Vanilleextrakt
225 g Mehl
15 g Backpulver
120 ml Milch

Für den Vanillesirup
150 ml Wasser
150 g extrafeiner Zucker
1 EL Vanilleextrakt

Für die Veilchen-Meringue-Buttercreme
270 g extrafeiner Zucker
67 ml Wasser
135 g Eiweiß
330 g Butter
1 Handvoll gehackte, kristallisierte Veilchenblütenblätter
einige Tropfen Veilchenextrakt (nach Geschmack)
etwas violette Lebensmittelfarbpaste

Für die Dekoration
Puderzucker
1 EL kristallisierte ganze Veilchen

ARBEITSMITTEL

Grundausstattung zum Backen (s. S. 8)
Grundausstattung zum Schichten (s. S. 8)
3 flache, runde Backformen, 15 cm Ø
Peggys Kuchenschablone (in diesem Buch enthalten)
Spritzbeutel
mittlere Sterntülle

Ergibt 1 Torte von 15 cm Ø bzw. 8 großzügige Stücke.

ZUBEREITUNG

Die Biskuits 1 Tag im Voraus herstellen.

CHIFFON-BISKUIT

Den Backofen auf 175 °C vorheizen.

Drei flache Backformen von 15 cm Ø mit Ölspray einfetten und mit Backpapier auslegen.

Die Eigelbe mit etwas Zucker im Elektromixer mit Schneebesen-Aufsatz bei mittlerer bis hoher Geschwindigkeit schlagen, bis die Masse blass und luftig ist. Langsam das Öl hinzufügen und schlagen, bis die Masse dick und blass ist.

Eiweiße, Weinsteinpulver und Salz im Elektromixer mit Schneebesen-Aufsatz bei mittlerer bis hoher Geschwindigkeit schlagen, bis die Mischung weiche Spitzen bildet.

Bei laufendem Mixer langsam den restlichen Zucker hinzufügen und mixen, bis die Mischung glänzt und steife Zipfel hält. Den Vanilleextrakt einrühren.

Mehl und Backpulver in eine mittlere Schüssel sieben und nach und nach zur Eigelb-Mischung hinzufügen – jede Zugabe sanft unterheben. Die Milch zugießen und die steifen Eiweiße unterheben.

Den Teig in die vorbereiteten Backformen geben und mit dem abgewinkelten Palettenmesser sanft an die Ränder streichen. 20–25 Minuten backen.

Das Biskuit ist fertig gebacken, wenn es bei leichtem Druck zurückspringt und sich an den Seiten von den Rändern der Form löst.

Während die Biskuits backen, nach den Anweisungen auf S. 13 Zuckersirup herstellen, dann Vanilleextrakt hinzufügen und gut vermengen.

Die fertig gebackenen Biskuits aus dem Ofen nehmen und 10 Minuten ruhen lassen. Die Oberseiten der Biskuits mit Vanillesirup bestreichen (etwas Sirup für das Schichten über Nacht im Kühlschrank verwahren).

Mit einem Messer um den Innenrand der Form fahren, die Biskuits herausnehmen und auf einem Kuchengitter vollständig abkühlen lassen.
Die abgekühlten Biskuits in Frischhaltefolie wickeln und über Nacht bei Zimmertemperatur ruhen lassen.

VEILCHEN-MERINGUE-BUTTERCREME

Nach den Anweisungen auf Seite 10 Meringue-Buttercreme herstellen.

Kristallisierte Veilchenblütenblattstücke und Veilchenextrakt (nach Geschmack) unter 200 g der Meringue-Buttercreme heben. Diese Mischung dient als Füllung.

Etwas violette Lebensmittelfarbpaste und Veilchenextrakt nach Geschmack zur übrigen Buttercreme hinzufügen.

SCHICHTEN DER TORTE

Die drei Biskuitböden begradigen, die Oberseiten mit Vanillesirup tränken und unter Verwendung der Veilchen-Meringue-Buttercreme, in der sich die kristallisierten Blütenblattstücke befinden, schichten (s. S. 150–151).

Die Torte auf einen Drehteller setzen und mit der violett gefärbten Meringue-Buttercreme ummanteln (s. S. 152–153).

Die Torte mindestens 1 Stunde kühlen, bzw. bis die Buttercreme fest ist, bevor die letzte Ummantelungsschicht aufgebracht wird.

DEKORIEREN

Die Schablone auf der gekühlten Torte zentrieren (1) und großzügig mit Puderzucker bestäuben; darauf achten, dass alle Ausschnitte gut bedeckt sind (2). Die Schablone vorsichtig von der Torte heben.

Den Spritzbeutel mit der Sterntülle versehen und mit der verbliebenen violett gefärbten Meringue-Buttercreme füllen. Rosetten um den Rand herum in gleichmäßigem Abstand auf das Muster spritzen (3–4).

Jede Rosette mit einem kandierten Veilchen besetzen.

Die Torte sofort servieren, bzw. im Kühlschrank aufbewahren und bei Zimmertemperatur servieren. Am besten schmeckt sie innerhalb von 3 Tagen nach dem Backen, sie hält sich jedoch im Kühlschrank bis zu 1 Woche.

RED-VELVET-TORTE

EIN KLASSIKER UND VERLÄSSLICHER FAVORIT IN MEINER KONDITOREI –
PERFEKT, UM HERZEN ZU EROBERN.

ZUTATEN

Für das Red-Velvet-Biskuit
105 g Butter
275 g extrafeiner Zucker
1 TL Vanilleextrakt
½ TL rote Lebensmittelfarbe
250 ml Buttermilch
2 Eier, Größe M
235 g Mehl
15 g Kakaopulver
2 Prisen Salz
1 TL Natron
1 ¼ TL Weißweinessig

Für das Vanille-Frosting
250 g Frischkäse, Vollfettstufe
250 g weiche Butter
625 g Puderzucker, gesiebt
1 EL Vanilleextrakt

Für die Dekoration
Red-Velvet-Kuchenkrümel

ARBEITSMITTEL

Grundausstattung zum Backen (s. S. 8)
Grundausstattung zum Schichten (s. S. 8)
3 flache, runde Backformen, 15 cm Ø
Herz-Schablone (mithilfe von Karton oder Papier und
einer Schere leicht selbst herzustellen)

Ergibt 1 Torte von 15 cm Ø bzw. 8 großzügige Stücke.

ZUBEREITUNG

Die Biskuits 1 Tag im Voraus herstellen.

RED-VELVET-BISKUIT

Den Backofen auf 170 °C vorheizen.

Drei flache Backformen von 15 cm Ø mit Ölspray einfetten und mit Backpapier auslegen.

Butter, extrafeinen Zucker und Vanilleextrakt im Elektromixer mit Rühraufsatz bei mittlerer bis hoher Geschwindigkeit schlagen, bis die Masse blass und luftig ist.

Rote Lebensmittelfarbe mit der Buttermilch vermengen. Darauf achten, dass sich keine Klümpchen bilden.

Eier in einem separaten Gefäß leicht schlagen. Den Mixer auf mittlerer Geschwindigkeit laufen lassen und die Eier langsam in die Buttermischung gießen. Falls die Mischung gerinnt, 1 EL Mehl hinzufügen, damit sie wieder bindet.

Mehl, Kakaopulver und Salz zusammensieben. Mit der gefärbten Buttermilch in den Mixer geben, sobald sich Butter, Zucker und Eier verbunden haben; bei niedriger Geschwindigkeit schlagen, bis sich alles gerade eben zusammenfügt.

Natron und Essig vermengen und schnell zum Kuchenteig geben.

Teig mit dem Gummispatel durcharbeiten, um sicherzustellen, dass alles gut vermengt ist. Den Teig in die vorbereiteten Backformen geben und mit dem abgewinkelten Palettenmesser sanft an die Ränder streichen.

20–25 Minuten backen. Das Biskuit ist fertig gebacken, wenn es bei leichtem Druck zurückspringt und sich an den Seiten von den Rändern der Form löst. Um sicherzugehen, kann ein sauberes Messer in die Biskuitmitte gesteckt werden; wenn das Biskuit fertig gebacken ist, kommt das Messer sauber heraus.

Die fertigen Biskuits aus dem Ofen nehmen und 10 Minuten ruhen lassen.

Sobald die Biskuits gerade noch warm sind, mit einem Messer um den Innenrand der Form fahren, die Biskuits herausnehmen und auf einem Kuchengitter vollständig abkühlen lassen.

Die abgekühlten Biskuits in Frischhaltefolie wickeln und über Nacht bei Zimmertemperatur ruhen lassen. So bleiben sie schön feucht und haben die richtige Konsistenz zur Weiterverarbeitung.

VANILLE-FROSTING

Nach den Anweisungen auf Seite 12 Frischkäse-Frosting herstellen und mit Vanilleextrakt aromatisieren.

Mindestens 2 Stunden kühlen, bzw. bis das Frosting fest ist.

SCHICHTEN DER TORTE

Die Biskuits begradigen (anfallende Brösel für die Dekoration aufheben) und die Böden schichten, dabei das Vanille-Frosting als Füllung verwenden (s. S. 150–151).

Die Oberseite und die Seiten der Torte mit dem verbliebenen Vanille-Frosting ummanteln (s. S. 150–151).

DEKORIEREN

Den Backofen auf 100 °C vorheizen.

Die beim Begradigen angefallene Brösel auf ein mit Backpapier ausgelegtes Backblech legen. Zum Austrocknen in den Ofen geben, bis sie hart sind.

Die Brösel in die Küchenmaschine geben und zu feinen Krümeln verarbeiten.

Die Herzschablone auf der Oberseite der Torte zentrieren und die Oberfläche großzügig mit den Red-Velvet-Biskuitkrümeln bestreuen.

Die Schablone vorsichtig von der Torte heben, um das Herzmuster freizulegen.

Die Torte sofort servieren, bzw. im Kühlschrank aufbewahren. Am besten schmeckt sie innerhalb der ersten 3 Tage nach dem Backen, sie hält sich jedoch im Kühlschrank bis zu 5 Tage.

Bei Zimmertemperatur servieren.

TOFFEE-APFEL-TORTE

EINE KÖSTLICH-SAFTIGE APFELTORTE VOLLER NÜSSE UND GEWÜRZE. IN DIESEM FALL IST SIE MIT WINZIGEN ÄPFELN AUS DEM GARTEN MEINER NACHBARIN DEKORIERT. DIE ÄPFEL HABE ICH MIT GOLD-KARAMELL ÜBERZOGEN.

ZUTATEN

Für das gewürzte Apfelbiskuit
225 g Butter
225 g hellbrauner Zucker
1 EL Vanilleextrakt
4 Eier, Größe M
240 g Mehl, mit 8 g Backpulver gemischt
1 EL gemahlener Zimt
1 Prise Salz
200 g Äpfel, geschält und gehackt
50 g Haselnüsse, geröstet und fein gehackt
abgeriebene Schale von 1 unbehandelten Zitrone

Für den Vanillesirup
150 ml Wasser
150 g extrafeiner Zucker
1 EL Vanilleextrakt (oder nach Geschmack)

Für das Karamell-Frosting
250 g Frischkäse
250 g weiche Butter
625 g Puderzucker, gesiebt
150 g Dulce de leche (alternativ Karamell aus gesüßter Kondensmilch)

Für den Karamell-Sauce (für die Toffee-Äpfel)
225 g brauner Zucker
½ TL Essig
30 ml Zuckerrübensirup
25 g Butter

Für die Dekoration
3 winzige Holzäpfel
Lorbeerblätter oder Apfelblätter

ARBEITSMITTEL

Grundausstattung zum Backen (s. S. 8)
Grundausstattung zum Schichten (s. S. 8)
3 flache, runde Backformen, 15 cm Ø
Zuckerthermometer
Spritzbeutel
große, runde Spritztülle

Ergibt 1 runde Torte von 15 cm Ø bzw. 8 großzügige Stücke.

ZUBEREITUNG

Die Biskuits 1 Tag im Voraus herstellen.

GEWÜRZTES APFEL-BISKUIT

Den Backofen auf 175 °C vorheizen

Drei flache Backformen von 15 cm Ø mit Ölspray einfetten und mit Backpapier auslegen.

Butter, Zucker und Vanilleextrakt in einem Elektromixer mit Rühraufsatz bei mittlerer bis hoher Geschwindigkeit schlagen, bis die Masse blass und luftig ist.

Die Eier in einem separaten Gefäß leicht schlagen. Mixer auf mittlerer Geschwindigkeit laufen lassen und die Eier langsam in die Buttermischung gießen. Falls die Mischung gerinnt, 1 EL Mehl hinzufügen, damit sie wieder bindet.

Mehl, Zimt und Salz in eine Schüssel sieben und unter den Teig heben, bis sich alles gerade eben zusammenfügt.

Äpfel, Haselnüsse und Zitronenschale hinzufügen. Den Teig in die vorbereiteten Formen geben und mit dem abgewinkelten Palettenmesser sanft an die Ränder streichen. Die Mischung sollte an den Rändern höher sein als in der Mitte, damit das Biskuit gleichmäßig backt.

20–25 Minuten backen. Das Biskuit ist fertig gebacken, wenn es bei leichtem Druck zurückspringt und sich an den Seiten von den Rändern der Form löst. Um sicherzugehen, kann ein sauberes Messer in die Biskuitmitte gesteckt werden; wenn das Biskuit fertig gebacken ist, kommt das Messer sauber heraus.

Während die Biskuits backen, nach den Anweisungen auf Seite 13 Zuckersirup herstellen und nach Geschmack mit Vanilleextrakt aromatisieren.

Die fertig gebackenen Biskuits aus dem Ofen nehmen und 10 Minuten ruhen lassen. Die Oberseiten der Biskuits mit Vanillesirup bestreichen (etwas Sirup für das Schichten über Nacht im Kühlschrank verwahren).

Sobald die Biskuits gerade noch warm sind, mit einem Messer um den Innenrand der Form fahren, die Biskuits herausnehmen und auf einem Kuchengitter vollständig abkühlen lassen.

Die abgekühlten Biskuits in Frischhaltefolie wickeln und über Nacht bei Zimmertemperatur ruhen lassen. So bleiben sie schön feucht und haben die richtige Konsistenz zur Weiterverarbeitung.

KARAMELL-FROSTING

Nach den Anweisungen auf Seite 12 Frischkäse-Frosting herstellen und Dulce de leche sanft unterheben.

KARAMELL-SAUCE (FÜR DIE TOFFEE-ÄPFEL)

Zucker mit 110 ml Wasser in einen Topf geben und unter leichtem Rühren mit dem Gummispatel bei mäßiger Hitze erwärmen, bis sich der Zucker aufgelöst hat.

Essig, Sirup und Butter einrühren, dann unter ständigem Rühren zum Kochen bringen, bis der Karamell 138 °C erreicht.

Die Äpfel sofort in den Karamell tauchen und auf einem leicht geölten Blech oder Backpapier hart werden lassen (1–4).

Die Spitzen der Lorbeerblattstängel in den Karamell tauchen und oben in die Äpfel stecken.

SCHICHTEN DER TORTE

Die drei Biskuitböden begradigen und die Oberseiten mit Vanillesirup tränken (s. S. 150–151).

Das Frosting in einen Spritzbeutel mit großer, runder Spritztülle füllen. Einen Kranz aus großen Tupfen um die Oberseite des untersten Bodens spritzen, dann eine geschwungene Linie in die Mitte spritzen und den zweiten Boden daraufsetzen. Den Spritzvorgang wiederholen und den dritten Boden aufsetzen (5–6).

DEKORIEREN

Das Spritzmuster wie vorher auf die Oberseite aufbringen und mit einem Palettenmesser jeden Tupfen zur Mitte hin ausstreichen (7–9).

Drei kleine Toffee-Äpfel in die Mitte setzen.

Die Torte hält sich im Kühlschrank bis zu 3 Tage. Bei Zimmertemperatur servieren.

TEUFELSSPEISE IN SCHWARZ UND WEISS

DIESE SCHOKOLADEN-VANILLE-TORTE IST WIRKLICH KÖSTLICH UND DIE SCHWARZ-WEISSEN STREIFEN SIND BEIM ANSCHNITT EIN UMWERFENDER ANBLICK.

ZUTATEN

Für das Schokoladenbiskuit
150 g Kakaopulver, gesiebt
300 g dunkelbrauner Muscovado-Zucker
375 g Butter
450 g hellbrauner Zucker
2 EL Vanilleextrakt
6 Eier, Größe L
675 g Mehl, gesiebt
1 ½ TL Backpulver, gesiebt
1 ½ TL Natron, gesiebt
1 Prise Salz
etwas schwarze Lebensmittelfarbe

Für den Zuckersirup
200 ml Wasser
200 g Zucker

Für das Vanille-Frosting
375 g Frischkäse
375 g weiche Butter
950 g Puderzucker, gesiebt
1 EL Vanilleextrakt

Für die Dekoration
Biskuitkrümel

ARBEITSMITTEL

Grundausstattung zum Backen (s. S. 8)
Grundausstattung zum Schichten (s. S. 8)
5 flache, runde Backformen, 20 cm Ø
Seitenschaber mit Muster

Ergibt 1 Torte von 15 cm Ø bzw. 8–12 Stücke.

ZUBEREITUNG

Die Biskuits 1 Tag im Voraus herstellen.

SCHOKOLADENBISKUIT

Den Backofen auf 175 °C vorheizen.

Fünf flache Backformen von 20 cm Ø mit Ölspray einfetten und mit Backpapier auslegen. (Die Biskuits können in der Mitte durchgeschnitten werden, falls nicht genügend Backformen vorhanden sind).

Kakaopulver und Muscovado-Zucker in eine Schüssel geben und mit 750 ml kochendem Wasser übergießen. Mit dem Schneebesen vermengen und zur Seite stellen.

Butter, hellbraunen Zucker und Vanilleextrakt im Elektromixer gut schlagen, bis die Masse blass und luftig ist.

Eier in einem separaten Gefäß leicht schlagen und langsam in den bei mittlerer Geschwindigkeit laufenden Mixer gießen.

Die trockenen Zutaten vermengen, dann nach und nach abwechselnd mit der Kakaomischung in den Mixer geben. Die Seiten des Mixbehälters mit dem Spatel hinunterschaben, um sicherzustellen, dass alles gut eingearbeitet ist.

Die schwarze Lebensmittelfarbe unterheben, bis der Teig eine schlammig braune Farbe annimmt, dann in die vorbereiteten Formen geben.

20–25 Minuten backen. Das Biskuit ist fertig gebacken, wenn es bei leichtem Druck zurückspringt und sich an den Seiten von den Rändern der Form löst. Um sicherzugehen, kann ein sauberes Messer in die Biskuitmitte gesteckt werden; wenn das Biskuit fertig gebacken ist, kommt das Messer sauber heraus.

Während die Biskuits backen, nach den Anweisungen auf Seite 13 und unter Verwendung der auf Seite 68 angegebenen Mengen Zuckersirup herstellen.

Die fertig gebackenen Biskuits aus dem Ofen nehmen und in den Formen 10 Minuten ruhen lassen.

Die Oberseiten der Biskuits mit Zuckersirup bestreichen (etwas Sirup für das Schichten über Nacht im Kühlschrank verwahren).

Sobald die Biskuits gerade noch warm sind, mit einem Messer um den Innenrand der Form fahren, die Biskuits herausnehmen und auf einem Kuchengitter vollständig abkühlen lassen.

Die abgekühlten Biskuits in Frischhaltefolie wickeln und über Nacht bei Zimmertemperatur ruhen lassen. So bleiben sie schön feucht und haben die richtige Konsistenz zur Weiterverarbeitung.

VANILLE-FROSTING

Nach den Anweisungen auf Seite 12 und unter Verwendung der auf Seite 68 angegebenen Mengen Frischkäse-Frosting herstellen.

Den Vanilleextrakt sanft unterheben und mindestens 2 Stunden kühlen, bzw. bis das Frosting fest ist.

SCHICHTEN DER TORTE

Die fünf Schokoladenbiskuitböden begradigen, die Oberseiten mit Zuckersirup tränken und schichten, dabei das Vanille-Frosting als Füllung verwenden. Die beim Begradigen anfallenden Brösel für die Dekoration verwahren (s. S. 150–151).

Die Oberseite und die Seiten der Torte mit dem verbliebenen Frischkäse-Frosting ummanteln (s. S. 152–153). Für das Aufbringen der letzten Ummantelungsschicht einen Seitenschaber mit Muster verwenden.

DEKORIEREN

Den Backofen auf 100 °C vorheizen.

Die beim Begradigen angefallenen Schoko-Brösel auf ein ausgekleidetes Backblech legen und zum Austrocknen in den Ofen geben.

Die trockenen, harten Brösel in die Küchenmaschine geben und zu feinem Staub verarbeiten. Staub gleichmäßig auf der Oberseite der Torte verstreuen.

PASSIONSFRUCHT-MASCARPONE-TORTE

EINE ERFRISCHENDE, TROPISCHE TORTE FÜR HEISSE SOMMERTAGE.

ZUTATEN

Für das Vanillebiskuit
200 g Butter
200 g extrafeiner Zucker
1 EL Vanilleextrakt
4 Eier
200 g Mehl, mit 7 g Backpulver gemischt und gesiebt

Für den Vanillesirup
150 ml Wasser
150 g Zucker
1 TL Vanilleextrakt (oder nach Geschmack)

Für das Mango-Frosting
200 g weiche Butter
500 g Puderzucker
300 g Mascarpone
30 g Mangopüree

Für das Passionsfruchtgelee
3 große Gelatineblätter
200 g Passionsfruchtpüree
50 g Zucker
2 Passionsfrüchte

Zum Dekorieren
200 g Kokoschips

ARBEITSMITTEL

Grundausstattung zum Backen (s. S. 8)
Grundausstattung zum Schichten (s. S. 8)
3 flache, runde Backformen, 15 cm Ø
Backblech
Flambierer (sofern benötigt)

Ergibt 1 Torte von 15 cm Ø bzw. 8 großzügige Stücke.

ZUBEREITUNG

Die Biskuits 1 Tag im Voraus herstellen.

VANILLEBISKUIT

Den Backofen auf 175 °C vorheizen.

Drei flache Backformen von 15 cm Ø mit Ölspray einfetten und mit Backpapier auslegen.

Butter, extrafeinen Zucker und Vanilleextrakt im Elektromixer mit Rühraufsatz bei mittlerer bis hoher Geschwindigkeit schlagen, bis die Masse blass und luftig ist.

Eier in einem separaten Gefäß leicht schlagen. Den Mixer auf mittlerer Geschwindigkeit laufen lassen und die Eier langsam in die Buttermischung gießen. Falls die Mischung gerinnt, 1 EL Mehl hinzufügen, damit sie wieder bindet.

Wenn Butter, Zucker und Eier vermengt sind, bei niedriger Geschwindigkeit das Mehl einrühren, bis es gerade eben eingefügt ist.

Den Teig mit dem Gummispatel durcharbeiten, um sicherzustellen, dass alles gut vermengt ist.

20–25 Minuten backen. Das Biskuit ist fertig gebacken, wenn es bei leichtem Druck zurückspringt und sich an den Seiten von den Rändern der Form löst. Um sicherzugehen, kann ein sauberes Messer in die Biskuitmitte gesteckt werden; wenn das Biskuit fertig gebacken ist, kommt das Messer sauber heraus.

Während die Biskuits backen, nach den Anweisungen auf Seite 13 Zuckersirup herstellen und nach Geschmack mit Vanilleextrakt aromatisieren.

Die fertig gebackenen Biskuits aus dem Ofen nehmen und in den Formen 10 Minuten ruhen lassen. Die Oberseiten der Biskuits mit Vanillesirup bestreichen.

Sobald die Biskuits gerade noch warm sind, mit einem Messer um den Innenrand der Form fahren, die Biskuits herausnehmen und auf einem Kuchengitter vollständig abkühlen lassen.

Die abgekühlten Biskuits in Frischhaltefolie wickeln und über Nacht bei Zimmertemperatur ruhen lassen.

MANGO-FROSTING

Nach den Anweisungen auf Seite 12 Mascarpone-Frosting herstellen. Das Mangopüree sanft unterheben. 2 Stunden kühlen, bzw. bis das Frosting fest ist.

PASSIONSFRUCHTGELEE

Die Gelatineblätter 3 Minuten in kaltem Wasser einweichen.

Passionsfruchtpüree, 50 ml Wasser und Zucker in einem kleinen Topf zum Kochen bringen. Von der Kochplatte nehmen und abgetropfte Gelatine hinzufügen. Gut umrühren und durch ein Sieb geben. Das Fruchtfleisch der frischen Passionsfrüchte hinzufügen.

Zwei runde Backformen von 15 cm Ø mit Frischhaltefolie auslegen. Die Geleemischung auf die beiden Formen aufteilen und für 30–60 Minuten in den Kühlschrank stellen, bzw. bis das Gelee fest ist.

KOKOSCHIPS RÖSTEN

Den Backofen auf 175 °C vorheizen.

Kokoschips auf einem Backblech ausbreiten und 5–10 Minuten backen, bis alle Seiten geröstet sind.

SCHICHTEN DER TORTE

Die drei Biskuitböden begradigen und die Oberflächen mit Vanillesirup tränken (s. S. 150–151).

Eine Schicht Mango-Frosting auf dem ersten Boden verstreichen und den zweiten Boden aufsetzen. Diesen mit einer dünnen Frosting-Schicht bestreichen, etwas Gelee darauf verteilen und eine weitere dünne Schicht Frosting auftragen. Den letzten Boden aufsetzen.

Die Oberfläche und die Seiten der Torte mit dem verbliebenen Mango-Frosting ummanteln (s. S. 152–153).

DEKORIEREN

Die Torte mit dem verbliebenen Passionsfruchtgelee bestreichen. Falls das Gelee bricht, kann es mit einem Flambierer geglättet werden. Die gerösteten Kokoschips an die Seiten der Torte drücken.

Im Kühlschrank hält sich die Torte bis zu 5 Tage; am besten schmeckt sie jedoch innerhalb der ersten 3 Tage nach dem Backen. Bei Zimmertemperatur servieren.

SCHOKOLADEN-TRÜFFEL-TORTE

DIESE EINDRUCKSVOLLE, WENNGLEICH LEICHT HERZUSTELLENDE TORTE WIRD SOFORT ALLE BLICKE AUF SICH ZIEHEN. PERFEKT GEEIGNET FÜR SCHOKOLADENLIEBHABER, DIENT SIE ALLEN ANLÄSSEN WIE GEBURTSTAG, HOCHZEIT UND JAHRESTAG.

ZUTATEN

Für den Schokoladenkuchen
300 g Butter
1 kg hellbrauner Zucker
300 g Schokodrops (53 % Kakaoanteil)
450 ml Milch
9 Eier, Größe M, verquirlt
675 g Mehl
6 ¾ EL Kakaopulver
2 ¼ TL Natron
2 ¼ TL Backpulver
½ TL Salz

Für die Schokoladen-Ganache
1 kg Schokodrops (53 % Kakaoanteil)
750 g Sahne
100 g Glukose

Für die Meringue-Buttercreme
270 g extrafeiner Zucker
67 ml Wasser
135 g Eiweiß, frisch oder pasteurisiert
330 g weiche Butter

Für die Füllung
600 g Schokoladen-Ganache
750 g Meringue-Buttercreme
150 g extrafeiner Zucker
300 g Haselnüsse, geröstet

Für die Dekoration
3–4 kg (ca. 300–400 Stück) Schoko-Trüffel

ARBEITSMITTEL

Grundausstattung zum Backen (s. S. 8)
Grundausstattung zum Schichten (s. S. 8)
je 3 flache, runde Backformen, 15 cm und 20 cm Ø
Backblech
kleine Küchenmaschine
4 Tortendübel
2 runde Tortenpappen, 15 cm und 20 cm Ø

Ergibt 1 runde Tortenetage; 1 von 15 cm Ø und 1 von 20 cm Ø bzw. 60 schmale Stücke oder 30 Dessertportionen.

ZUBEREITUNG

Den Schokoladenkuchen 1 Tag im Voraus herstellen.

SCHOKOLADENKUCHEN

Den Backofen auf 160 °C vorheizen. Drei flache Backformen von 15 cm Ø und drei von 20 cm Ø mit Ölspray einfetten und mit Backpapier auslegen.

Butter und die Hälfte des Zuckers im Elektromixer mit Rühraufsatz bei mittlerer bis hoher Geschwindigkeit schlagen, bis die Masse blass und luftig ist.

In der Zwischenzeit Schokodrops, Milch und verbliebenen Zucker in einem Topf unter gelegentlichem Umrühren zum Kochen bringen. Wenn die Mischung blass und luftig geworden ist, langsam die Eier hinzufügen.

Mehl, Kakaopulver, Natron, Backpulver und Salz zusammensieben und zur Mischung hinzufügen, während der Mixer auf niedriger Stufe läuft.

Die heiße Schokoladenmischung langsam in den Kuchenteig gießen, während der Mixer auf niedriger Stufe läuft. Vorsicht, die Masse könnte spritzen.

Den heißen Kuchenteig in die vorbereiteten Backformen gießen. 20–30 Minuten backen. Das Biskuit ist fertig gebacken, wenn es bei leichtem Druck zurückspringt und sich an den Seiten von den Rändern der Form löst. Ein in die Mitte gestecktes, sauberes Messer sollte nicht ganz sauber herauskommen, da dieses Biskuit eine etwas klebrige Textur behält.

Die fertigen Biskuits aus dem Ofen nehmen und 10 Minuten ruhen lassen, dann auf einem Kuchengitter vollständig auskühlen lassen. In Frischhaltefolie wickeln und über Nacht bei Zimmertemperatur ruhen lassen.

FÜLLUNG

Nach den Anweisungen auf Seite 13 und unter Verwendung der auf Seite 76 angegebenen Mengen Schokoladen-Ganache herstellen, bei Zimmertemperatur abkühlen lassen.

Nach den Anweisungen auf Seite 10 Meringue-Buttercreme herstellen und bei Zimmertemperatur abkühlen lassen.

Zucker in einem Topf bei mittlerer Hitze und unter sanftem Umrühren karamellisieren.

Die gerösteten Haselnüsse auf das vorbereitete Backblech legen. Den karamellisierten Zucker darübergießen, abkühlen und fest werden lassen. Die Pralinen zerstoßen, dann in der Küchenmaschine zermahlen, bis die Textur an groben Sand erinnert.

600 g Ganache sanft unter 750 g Buttercreme heben und gut vermengen. Die Mischung nicht zu heftig bearbeiten, da sie sich leicht trennt. Die Pralinen einarbeiten.

SCHICHTEN DER TORTE

Die sechs Biskuitböden begradigen und schichten, dabei die Pralinenmischung als Füllung verwenden. Entstehen sollen eine Torte von 15 cm Ø und eine Torte von 20 cm Ø mit jeweils drei Böden (s. S. 150–151).

Die Torte auf einen Drehteller stellen und mit der verbliebenen Ganache die Oberseite und die Seiten ummanteln (s. S. 152–153).

Die vier Tortendübel so zuschneiden, dass sie dieselbe Höhe haben wie die 20-cm-Torte; Dübel so in die Torte stecken, dass sie ein Viereck bilden und so weit wie möglich am Rand, aber eng genug beieinanderstehen, damit die obere 15-cm-Torte daraufpasst. Etwas Ganache in der Mitte verteilen und die 15-cm-Torte mittig daraufsetzen.

DEKORIEREN

Mit einem großen, abgewinkelten Palettenmesser die Torte auf einen Tortenständer oder eine Tortenplatte setzen.

Jeden Trüffel so beschneiden, dass er eine flache Oberfläche aufweist. Die verbliebene Ganache in einen Spritzbeutel geben und die Trüffel mit der flachen Seite an die Torte kleben. Zunächst einen Kranz um die Unterseite kleben und dann nach oben weiterarbeiten (1–4). Sollte die Ganache zu fest zum Spritzen sein, diese kurz in der Mikrowelle erhitzen, bis sie weich, aber nicht flüssig ist.

Die Torte sofort servieren, bzw. im Kühlschrank aufbewahren und bei Zimmertemperatur servieren. Am besten schmeckt sie innerhalb der ersten 3 Tage nach dem Backen, sie hält sich jedoch im Kühlschrank bis zu 1 Woche.

AHORNSIRUP-WALNUSS-TORTE

EINE AUSGEFALLENE TORTE MIT EINER DICHTEN, NUSSIGEN TEXTUR, DIE PERFEKT GEEIGNET IST, DEN AHORNSIRUP AUFZUSAUGEN. IHREN RUSTIKALEN CHARME ERHÄLT SIE DURCH DIE GESTALTUNG ALS BAUMSTAMM UND DIE GARNITUR AUS MARZIPANBLÄTTERN UND EICHELN.

ZUTATEN

Für das Walnussbiskuit
4 Eier
150 g Puderzucker
150 g Butter, zerlassen
120 ml Milch
175 g Mehl
1 EL Backpulver
1 Prise Salz
125 g gemahlene Mandeln
100 g Walnüsse, geröstet und fein gehackt

Für den Ahorn-Zuckersirup
150 ml Wasser
150 g Zucker
100 ml Ahornsirup

Für das Ahornsirup-Frosting
250 g Frischkäse
250 g weiche Butter
625 g Puderzucker, gesiebt
4 EL dunkler Ahornsirup

Für die Dekoration
Eicheln und Ahornblätter aus Marzipan

ARBEITSMITTEL

Grundausstattung zum Backen (s. S. 8)
Grundausstattung zum Schichten (s. S. 8)
3 flache, runde Backformen, 15 cm Ø
Seitenschaber mit feinem Kammmuster

Ergibt 1 runde Torte von 15 cm Ø bzw. 8 großzügige Stücke.

ZUBEREITUNG

Die Biskuits 1 Tag im Voraus herstellen.

WALNUSSBISKUIT

Den Backofen auf 175 °C vorheizen.

Drei flache Backformen von 15 cm Ø mit Ölspray einfetten und mit Backpapier auslegen.

Eier und Puderzucker im Elektromixer mit Rühraufsatz bei mittlerer bis hoher Geschwindigkeit schlagen, bis die Masse blass und luftig ist. Butter und Milch hinzufügen, während der Mixer bei mittlerer Geschwindigkeit läuft.

Mehl, Backpulver und Salz in eine separate Schüssel sieben und dann unter die Mischung heben.

Mandeln und Walnüsse unterheben, dann den Teig in die vorbereiteten Formen geben.

20–25 Minuten backen. Das Biskuit ist fertig gebacken, wenn es bei leichtem Druck zurückspringt und sich an den Seiten von den Rändern der Form löst. Um sicherzugehen, kann ein sauberes Messer in die Biskuitmitte gesteckt werden; wenn das Biskuit fertig gebacken ist, kommt das Messer sauber heraus.

Während die Biskuits backen, nach den Anweisungen auf Seite 13 Zuckersirup herstellen und Ahornsirup hinzufügen.

Die fertig gebackenen Biskuits aus dem Ofen nehmen und in den Formen 10 Minuten ruhen lassen. Die Oberseiten der Biskuits mit Ahorn-Zuckersirup bestreichen (etwas Sirup für das Schichten über Nacht im Kühlschrank verwahren).

Sobald die Biskuits gerade noch warm sind, mit einem Messer um den Innenrand der Form fahren, die Biskuits herausnehmen und auf einem Kuchengitter vollständig abkühlen lassen.

Die abgekühlten Biskuits in Frischhaltefolie wickeln und über Nacht bei Zimmertemperatur ruhen lassen. So bleiben sie schön feucht und haben die richtige Konsistenz zur Weiterverarbeitung.

AHORNSIRUP-FROSTING

Nach den Anweisungen auf Seite 12 Frischkäse-Frosting herstellen.

Den Ahornsirup sanft unterheben, dann mindestens 2 Stunden in den Kühlschrank stellen, bzw. bis das Frosting fest ist.

SCHICHTEN DER TORTE

Die drei Biskuitböden begradigen und die Oberseiten mit Ahorn-Zuckersirup tränken. Die Böden mit dem Ahornsirup-Frosting als Füllung schichten (s. S. 150–151).

Die Oberseite und die Seiten der Torte mit dem verbliebenen Ahornsirup-Frosting ummanteln (s. S. 152–153).

DEKORIEREN

Während die letzte Frosting-Schicht noch weich ist, mit dem gemusterten Seitenschaber vertikale Linien rundherum in die Seiten der Torte ziehen, um den Baumstamm-Effekt zu erzielen.

Die Spitze eines Palettenmessers in die Mitte der Tortenoberseite setzen und den Drehteller drehen. Das Palettenmesser während des Drehens allmählich immer weiter nach außen bewegen, bis der Rand erreicht ist.

Die Torte mit Eicheln und Blättern aus Marzipan dekorieren und mit Ahornsirup servieren.

Die Torte sofort servieren, bzw. im Kühlschrank aufbewahren und bei Zimmertemperatur servieren. Am besten schmeckt sie innerhalb von 3 Tagen nach dem Backen, sie hält sich jedoch im Kühlschrank bis zu 5 Tage.

TIRAMISUTORTE

EINE LECKERE TORTE, DIE ALS NACHTISCH ODER ALS HERREN-GEBURTSTAGSTORTE PRÄSENTIERT WERDEN KANN. EINE SCHÖNHEIT SOWOHL VON AUSSEN ALS AUCH VON INNEN, ENTHÜLLT SIE DOCH IM ANSCHNITT SCHICKE STREIFEN AUS KAFFEE, BUTTERCREME UND BISKUIT.

ZUTATEN

Für das Kaffeebiskuit
600 g gesalzene Butter
600 g extrafeiner Zucker
1 EL Vanilleextrakt
12 Eier, Größe M, zimmerwarm
600 g Mehl, mit 18 g Backpulver gemischt und gesiebt
2 EL Espresso oder starker Instant-Kaffee

Für den Kaffeesirup
250 ml Wasser
250 g extrafeiner Zucker
100 ml Espresso oder starker Instant-Kaffee
Marsala (nach Geschmack)

Für das Mascarpone-Frosting
100 g weiche Butter
250 g Puderzucker, gesiebt
150 g Mascarpone

Für die Kaffee-Buttercreme
500 g weiche Butter
500 g Puderzucker, gesiebt
1 Prise Salz
1 EL Espresso oder starker Instant-Kaffee

Für die Dekoration
3 EL Kakaopulver
Kaffee-Buttercreme
12–16 Schoko-Kaffeebohnen

ARBEITSMITTEL

Grundausstattung zum Backen (s. S. 8)
Grundausstattung zum Schichten (s. S. 8)
3 flache, runde Backformen, 25 cm Ø
Seitenschaber mit Rillen
Spritzbeutel
mittlere Sterntülle

Ergibt 1 Torte von 25 cm Ø bzw. 12–16 großzügige Stücke.

TORTENLIEBE

ZUBEREITUNG

Die Biskuits 1 Tag im Voraus herstellen.

KAFFEEBISKUIT

Den Backofen auf 175 °C vorheizen.

Drei flache Backformen von 25 cm Ø mit Ölspray einfetten und mit Backpapier auslegen.

Butter, extrafeinen Zucker und Vanilleextrakt in einen Elektromixer mit Rühraufsatz bei mittlerer bis hoher Geschwindigkeit schlagen, bis die Masse blass und luftig ist.

Die Eier in einem separaten Gefäß leicht schlagen und, während der Mixer bei mittlerer Geschwindigkeit läuft, langsam in die Mischung geben. Falls die Mischung gerinnt, 1 EL Mehl hinzufügen, damit sie wieder bindet.

Mehl und Espresso hinzufügen, dabei auf niedriger Stufe mixen, bis alles gerade eben zusammengefügt ist. Mit dem Gummispatel den Teig durcharbeiten.

Den Teig in die vorbereiteten Backformen geben und mit dem abgewinkelten Palettenmesser sanft an die Ränder streichen. Die Mischung sollte an den Rändern höher sein als in der Mitte, damit das Biskuit gleichmäßig backt.

25–30 Minuten backen. Das Biskuit ist fertig gebacken, wenn es bei leichtem Druck zurückspringt und sich an den Seiten von den Rändern der Form löst. Um sicherzugehen, kann ein sauberes Messer in die Biskuitmitte gesteckt werden; wenn das Biskuit fertig gebacken ist, kommt das Messer sauber heraus.

Während die Biskuits backen, nach den Anweisungen auf Seite 13 Zuckersirup herstellen und mit Espresso oder Instant-Kaffee aromatisieren. Wenn der Sirup abgekühlt ist, nach Geschmack Marsala hinzufügen.

Die fertig gebackenen Biskuits in den Formen 10 Minuten ruhen lassen. Die Oberseiten der Biskuits mit Kaffee-Sirup bestreichen (etwas Sirup für das Schichten über Nacht im Kühlschrank verwahren).

Sobald die Biskuits gerade noch warm sind, mit einem Messer um den Innenrand der Form fahren, die Biskuits herausnehmen und auf einem Kuchengitter vollständig abkühlen lassen.

Die abgekühlten Biskuits in Frischhaltefolie wickeln und über Nacht bei Zimmertemperatur ruhen lassen.

MASCARPONE-FROSTING

Nach den Anweisungen auf Seite 12 und unter Verwendung der auf Seite 86 angegebenen Mengen Mascarpone-Frosting herstellen und kühlen, bis das Frosting fest ist.

KAFFEE-BUTTERCREME

Nach den Anweisungen auf Seite 10 und unter Verwendung der auf Seite 86 angegebenen Mengen Englische Buttercreme herstellen. Den Kaffee sanft unterheben und gut mixen. Die Creme kühlen, bis sie fest ist.

SCHICHTEN DER TORTE

Die drei Biskuitböden begradigen und die Oberseiten mit Kaffeesirup tränken. Das Mascarpone-Frosting als Füllung über jeden Boden streichen und mit Kakaopulver bestäuben, bevor der nächste Boden aufgesetzt wird (s. S. 150–151). Die Oberseite und die Seiten mit Kaffee-Buttercreme ummanteln (s. S. 152–153).

DEKORIEREN

Die Torte auf einen Drehteller setzen.

Die gekühlte Torte mit einer weiteren großzügigen Schicht Buttercreme bedecken und mithilfe des gerillten Seitenschabers „Fassrillen" ziehen (1–2).

Die Torte ca. 1 Stunde kühlen. Dann die Oberseite der Torte großzügig mit Kakaopulver bestäuben (3).

Eine Buttercreme in zwei Farbtönen herstellen, indem 1 EL Kaffee-Buttercreme mit 1 TL Kakaopulver gemischt wird. Eine dünne Schicht der dunklen Buttercreme auf der Innenseite des Spritzbeutels verstreichen (4), dann den Beutel mit der helleren Kaffee-Buttercreme füllen (5–7).

Einen Kranz aus kleinen Rosetten um den Rand der Tortenoberseite aufspritzen (8–9) und jede Rosette mit einer Schoko-Kaffeebohne besetzen.

Die Torte sofort servieren, bzw. im Kühlschrank aufbewahren und bei Zimmertemperatur servieren. Am besten schmeckt sie innerhalb der ersten 3 Tage nach dem Backen, sie hält sich jedoch im Kühlschrank bis zu 1 Woche.

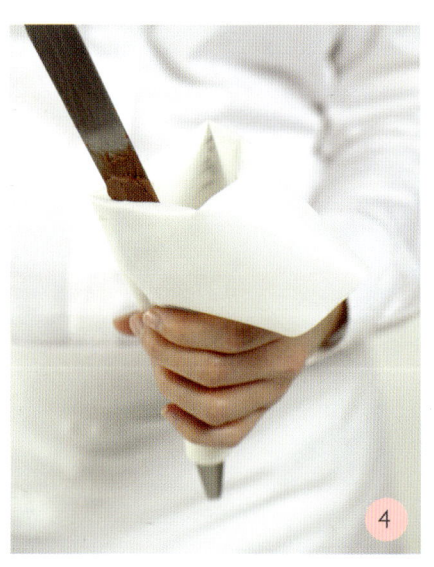

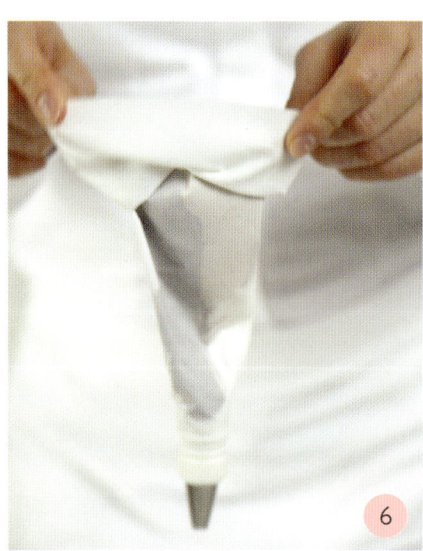
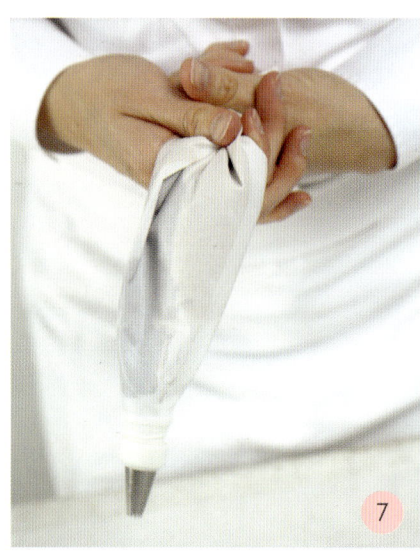

TORTENLIEBE

ZITRUSTORTE

EINE ERFRISCHENDE TORTE FÜR DIE SOMMERPARTY, BASIEREND AUF EINEM EINFACHEN VICTORIA-BISKUIT. ABGERIEBENE SCHALEN VERSCHIEDENER ZITRUSFRÜCHTE KÖNNEN VERWENDET WERDEN – ICH HABE LIMETTE, ZITRONE UND ORANGE FÜR DAS BISKUIT UND ROTE GRAPEFRUIT FÜR DAS FROSTING-AROMA VERARBEITET.

ZUTATEN

Für das Zitrusbiskuit
400 g Butter
400 g extrafeiner Zucker
fein abgeriebene Schale von 2 Orangen, 2 Zitronen und 2 Limetten (Saft für den Sirup verwahren)
8 Eier, Größe M, zimmerwarm
400 g Mehl, mit 14 g Backpulver gemischt

Für den Zitrussirup
200 g extrafeiner Zucker
Saft von 2 Orangen, 2 Zitronen und 2 Limetten

Für das Grapefruit-Frosting
375 g Frischkäse, Vollfettstufe
375 g weiche Butter
950 g Puderzucker, gesiebt
abgeriebene Schale von 2 unbehandelten roten Grapefruits
pfirsichfarbene Lebensmittelfarbpaste

Für die Buttercreme-Dekoration
300 g Butter
300 g Puderzucker
Lebensmittelfarbpasten: Pfirsich, Gelb und Grün

ARBEITSMITTEL

Grundausstattung zum Backen (s. S. 8)
Grundausstattung zum Schichten (s. S. 8)
3 flache, runde Backformen, 20 cm Ø
feine Reibe
3 Spritzbeutel
3 große, offene Sterntüllen
(zur Not genügt ein Spritzbeutel mit Tülle, jedoch verlängert sich die Zubereitungszeit, da Beutel und Tülle nach jedem Gebrauch ausgewaschen werden müssen)

Ergibt 1 Torte von 20 cm Ø bzw. 12 großzügige Stücke.

ZUBEREITUNG

Die Biskuits 1 Tag im Voraus herstellen.

ZITRUSBISKUIT

Den Backofen auf 175 °C vorheizen.

Drei flache Backformen von 20 cm Ø mit Ölspray einfetten und mit Backpapier auslegen.

Butter, extrafeinen Zucker und abgeriebene Orangen-, Zitronen- und Limettenschalen im Elektromixer mit Rühraufsatz bei mittlerer bis hoher Geschwindigkeit schlagen, bis die Masse blass und luftig ist.

Die Eier in einem separaten Gefäß leicht schlagen und, während der Mixer auf mittlerer Geschwindigkeit läuft, langsam in die Buttermischung geben. Falls die Mischung gerinnt, 1 EL Mehl hinzufügen, damit sie wieder bindet.

Sobald Butter, Zucker und Eier verbunden sind, bei niedriger Geschwindigkeit das Mehl untermixen, bis es gerade eben untergemengt ist. Den Teig mit dem Gummispatel durcharbeiten.

Den Teig in die vorbereiteten Backformen geben und mit dem abgewinkelten Palettenmesser sanft an die Ränder streichen. Die Mischung sollte an den Rändern höher sein als in der Mitte, damit das Biskuit gleichmäßig backt.

20–25 Minuten backen. Das Biskuit ist fertig gebacken, wenn es bei leichtem Druck zurückspringt und sich an den Seiten von den Rändern der Form löst. Um sicherzugehen, kann ein sauberes Messer in die Biskuitmitte gesteckt werden; wenn das Biskuit fertig gebacken ist, kommt das Messer sauber heraus.

Während die Biskuits backen, den Zitrussirup herstellen. Hierfür Zucker und Zitrussäfte in einem mittleren Topf zum Kochen bringen und abkühlen lassen.

Die fertig gebackenen Biskuits aus dem Ofen nehmen und in den Formen 10 Minuten ruhen lassen. Die Oberseiten der Biskuits mit Zitrussirup bestreichen (etwas Sirup für das Schichten über Nacht im Kühlschrank verwahren).

Mit einem Messer um den Innenrand der Form fahren, die Biskuits herausnehmen und auf einem Kuchengitter vollständig abkühlen lassen.

Die abgekühlten Biskuits in Frischhaltefolie wickeln und über Nacht bei Zimmertemperatur ruhen lassen.

FROSTING AUS ROTER GRAPEFRUIT

Nach den Anweisungen auf Seite 12 und unter Verwendung der Mengenangaben auf Seite 92 und Zugabe der abgeriebenen Schale rotes Grapefruit-Frischkäse-Frosting herstellen.

Etwas pfirsichfarbene Lebensmittelpaste zu einer kleinen Menge Frosting geben und mischen, bis die Farbe gut untergemengt ist. In das verbliebene Frosting rühren, um einen blassen Pfirsich-Farbton zu erlangen.

In den Kühlschrank stellen, bis das Frosting fest ist.

SCHICHTEN DER TORTE

Die drei Biskuitböden begradigen und die Oberseiten mit Zitrussirup tränken. Die Böden schichten, dabei das Frosting aus roter Grapefruit als Füllung verwenden (s. S. 150–151).

Die Oberseite und die Seiten mit dem verbliebenen Grapefruit-Frosting ummanteln (s. S. 152–153).

DEKORIEREN

Nach den Anweisungen für Englische Buttercreme auf Seite 10 Butter und Puderzucker zu Buttercreme vermengen.

Die Buttercreme auf drei kleine Schüsseln verteilen und jeweils anders färben, sodass blasse Farbtöne von Gelb, Pfirsich und Limettengrün entstehen.

Jede Buttercreme-Portion in einen Spritzbeutel mit Sterntülle füllen (Wenn nur ein Beutel mit Tülle vorhanden ist, mit der blassesten Farbe beginnen und den Beutel nach jeder Farbe auswaschen).

Sterne in verschiedenen Größen und Farben unregelmäßig verteilt auf die Oberseite der Torte aufspritzen. Eine genaue Abbildung von Tülle und Spritzmethode befindet sich auf Seite 155.

Die Torte sofort servieren, bzw. im Kühlschrank aufbewahren und bei Zimmertemperatur servieren. Am besten schmeckt sie innerhalb von 3 Tagen nach dem Backen, sie hält sich jedoch im Kühlschrank bis zu 1 Woche.

BEERENKORB-TORTE

EINE KÖSTLICH-LEICHTE TORTE VOLLER BEERENAROMEN. DA DAS SECHSECKIGE FORMAT EINE GEWISSE HERAUSFORDERUNG DARSTELLT, KANN WAHLWEISE AUCH EINE RUNDE TORTE UNTER VERWENDUNG DER HIER ANGEGEBENEN MENGEN HERGESTELLT WERDEN.

ZUTATEN

Für das Chiffon-Biskuit

320 g Eigelb
900 g extrafeiner Zucker
300 ml pflanzliches Öl, z. B. Sonnenblumenöl
660 g Eiweiß
1 Prise Weinsteinpulver
1 Prise Salz
2 ½ EL Vanilleextrakt
900 g Mehl
60 g Backpulver
480 ml Milch

Für den Vanillesirup

250 ml Wasser
250 g extrafeiner Zucker
2 EL Vanilleextrakt

Für die Meringue-Buttercreme

1,1 kg extrafeiner Zucker
268 ml Wasser
540 g Eiweiß
1,3 kg Butter
Vanilleextrakt (nach Geschmack)

Für die Füllung

1 mittelgroßes Glas Himbeerkonfitüre
1 mittelgroßes Glas Blaubeerkonfitüre
jeweils 2 Schalen frischer Himbeeren, Blaubeeren und Brombeeren
1 Schale Erdbeeren

Für die Dekoration

frische Beeren und Blüten (sicherstellen, dass sich die Blüten für den direkten Kontakt mit Lebensmitteln eignen, d. h. nicht giftig oder mit Pestiziden behandelt sind)

ARBEITSMITTEL

Grundausstattung zum Backen (s. S. 8)
Grundausstattung zum Schichten (s. S. 8)
flache, sechseckige Backformen: 2 von 15 cm Ø und 2 von 25 cm Ø
2 sechseckige Kuchenpappen, 1 von 15 cm Ø und 1 von 25 cm Ø
4 Tortendübel
Spritzbeutel
runde Spritztülle Nr. 3
mittlere Spritztülle „Korbgeflecht"
offene Sterntülle Nr. 7

Ergibt 1 sechseckige Tortenetage von 15 cm Ø und 1 von 25 cm Ø bzw. 30 Dessertportionen oder 80 schmale Stücke.

ZUBEREITUNG

Die Biskuits 1 Tag im Voraus herstellen.

CHIFFON-BISKUIT

Den Backofen auf 175 °C vorheizen.

Die Backformen mit Ölspray einfetten und mit Backpapier auslegen.

Die Eigelbe mit etwas Zucker aufschlagen, bis sie blass und luftig sind. Langsam das Öl hinzufügen und schlagen, bis die Masse dick ist.

Eiweiße, Weinsteinpulver und Salz im Elektromixer mit Schneebesen-Aufsatz bei mittlerer bis hoher Geschwindigkeit schlagen, bis die Mischung weiche Spitzen bildet.

Bei laufendem Mixer langsam den verbliebenen Zucker hinzufügen und schlagen, bis die Mischung glänzt und steife Spitzen hält. Den Vanilleextrakt einrühren.

Mehl und Backpulver zusammensieben und portionsweise zur Eigelbmischung geben. Sanft einarbeiten. Milch hinzufügen und die steifen Eiweiße unterheben.

Den Teig in die vorbereiteten Backformen geben und mit dem abgewinkelten Palettenmesser sanft an die Ränder streichen. Die Mischung sollte an den Rändern höher sein als in der Mitte, damit das Biskuit gleichmäßig backt.

25–30 Minuten backen. Das Biskuit ist fertig gebacken, wenn es auf Berührung zurückspringt und sich an den Seiten von den Rändern der Form löst.

Nach den Anweisungen auf Seite 13 und unter Verwendung der auf Seite 96 angegebenen Mengen Zuckersirup herstellen und nach Geschmack Vanilleextrakt hinzufügen.

Die Biskuits aus dem Ofen nehmen und in den Formen 10 Minuten ruhen lassen. Die Oberseiten der Biskuits mit Vanillesirup bestreichen (etwas Sirup für das Schichten über Nacht im Kühlschrank verwahren).

Die Biskuits auf einem Kuchengitter vollständig abkühlen lassen. In Frischhaltefolie wickeln und über Nacht bei Zimmertemperatur ruhen lassen.

MERINGUE-BUTTERCREME

Nach den Anweisungen auf Seite 10 und unter Verwendung der auf Seite 96 angegebenen Mengen Meringue-Buttercreme herstellen.

SCHICHTEN DER TORTE

Die Biskuitböden begradigen und jeweils horizontal in der Mitte durchschneiden, sodass für jede Tortenetage vier Böden vorhanden sind. Jeden Boden mit Vanillesirup tränken, dann die Füllungen darauf verteilen: Himbeerkonfitüre für die erste Schicht, Meringue-Buttercreme und frische Beeren für die zweite Schicht und Blaubeerkonfitüre für die dritte Schicht (s. S. 150–151).

Die Oberseite und die Seiten der Torte mit der verbliebenen Meringue-Buttercreme ummanteln (s. S. 152–153). Die Ecken so scharf und gerade wie möglich halten.

Vier Tortendübel auf die Höhe der unteren Etage zuschneiden und in Form eines Vierecks in die Tortenmitte stecken. Sie sollten so weit wie möglich auseinander, jedoch innerhalb der Umrisse der oberen Etage platziert werden.

Die Buttercreme zwischen den Dübeln verstreichen und die zweite Etage aufsetzen. Die Lücke zwischen den Etagen mit Buttercreme ausspritzen, dann den Rand mit dem Finger glatt verstreichen.

DEKORIEREN

Die Torte auf einen Drehteller mit einer Tortenscheibe von 30 cm Ø setzen. Die verbliebene Meringue-Buttercreme in einen Spritzbeutel mit runder Tülle geben.

Bei der oberen Etage beginnend, an jeder Tortenseite vertikale Linien aufspritzen, zuerst in der Mitte, dann an den Ecken, dann in 1-cm-Abständen dazwischen.

Spritzbeutel mit der Korbgeflecht-Tülle ausstatten und, unten beginnend, eine Reihe Streifen über jede zweite Linie spritzen. In der nächsten Reihe fortfahren, dabei zwischen den Streifen der ersten Reihe arbeiten.

Mit der Sterntülle eine Bordüre entlang des oberen Rands jeder Etage spritzen (s. S. 155).

1 Stunde kühl stellen, dann die Torte mithilfe eines großen, abgewinkelten Palettenmessers auf eine Tortenplatte oder einen Tortenständer stellen. Frische Beeren und Blüten in zwei Gebinden auf der Oberseite und an der Seite der Torte anordnen.

LEBKUCHENTORTE

EINE FANTASTISCHE TORTE, UM WÄHREND DER FESTTAGE IM KREISE VON FAMILIE UND FREUNDEN GENOSSEN ZU WERDEN. SIE IST AUSSEN HÜBSCH DURCH IHR OPULENTES ZITRONEN-FROSTING UND INNEN SCHÖN WÜRZIG. ICH DEKORIERE MEINE MIT NIEDLICHEN, KLEINEN LEBKUCHENMÄNNERN.

ZUTATEN

Für das Lebkuchenbiskuit

250 ml Vollmilch
fein abgeriebene Schale und Saft von
1 unbehandelten Orange
150 g dunkler Muscovado-Zucker
1 Prise Salz
300 g heller Zuckerrübensirup
150 g dunkler Zuckerrübensirup
4 TL gemahlener Ingwer
4 TL gemahlener Zimt
2 TL gemahlenes Piment
180 g Butter, gekühlt und in Stücke zerteilt
350 g Mehl, mit 12 g Backpulver gemischt
1 TL Natron
3 Eier, Größe M, verquirlt

Für den Zuckersirup

150 ml Wasser
150 g extrafeiner Zucker

Für das Zitronen-Frischkäse-Frosting

250 g Frischkäse, Vollfettstufe
250 g weiche Butter
625 g Puderzucker, gesiebt
fein abgeriebene Schale von 2 unbehandelten Zitronen

Für die Dekoration

8 kleine Lebkuchenmänner (gekauft oder selbst gemacht)
etwas Royal Icing (wenn der Lebkuchen selbst hergestellt wird)

ARBEITSMITTEL

Grundausstattung zum Backen (s. S. 8)
Grundausstattung zum Schichten (s. S. 8)
3 flache, runde Backformen, 15 cm Ø
kleiner Lebkuchen-Ausstecher (für selbst gemachte Lebkuchen-Deko)
Papierspritzbeutel (nur für selbst gemachte Lebkuchen-Deko)
Spritzbeutel
mittlere, runde Spritztülle

Ergibt 1 runde Torte von 15 cm Ø bzw. 8 großzügige Stücke.

ZUBEREITUNG

Die Biskuits 1 Tag im Voraus herstellen.

LEBKUCHENBISKUIT

Den Backofen auf 175 °C vorheizen.

Drei flache Backformen von 15 cm Ø mit Ölspray einfetten und mit Backpapier auslegen.

Genügend Milch zum Orangensaft hinzugießen, damit sich 300 ml Flüssigkeit ergeben. Milchmischung zusammen mit Orangenschale, Zucker, Salz, hellem und dunklem Zuckerrübensirup sowie den Gewürzen in einen Topf geben und unter ständigem Rühren langsam zum Kochen bringen.

Von der Kochplatte nehmen, Butter hinzufügen und gut mit dem Schneebesen rühren, bis die Butter geschmolzen ist.

Mehl und Natron in eine große Schüssel sieben und die leicht abgekühlte, flüssige Mischung hinzufügen. Sanft mit dem Schneebesen umrühren.

Nach und nach das verquirlte Ei hinzufügen und durchrühren, bis der Kuchenteig glatt und gründlich vermengt ist. Die Mischung in einen Krug und dann in die vorbereiteten Backformen füllen.

25–30 Minuten backen. Das Biskuit ist fertig gebacken, wenn es bei leichtem Druck zurückspringt und sich an den Seiten von den Rändern der Form löst. Um sicher zu gehen, kann ein sauberes Messer in die Biskuitmitte gesteckt werden; wenn das Biskuit fertig gebacken ist, kommt das Messer sauber heraus.

Während die Biskuits backen, nach den Anweisungen auf Seite 13 Zuckersirup herstellen.

Die fertig gebackenen Biskuits aus dem Ofen nehmen und in den Formen 10 Minuten ruhen lassen. Die Oberseiten der Biskuits mit Zuckersirup bestreichen.

Sobald die Biskuits gerade noch warm sind, mit einem Messer um den Innenrand der Form fahren, die Biskuits herausnehmen und auf dem Kuchengitter vollständig abkühlen lassen.

Die abgekühlten Biskuits in Frischhaltefolie wickeln und über Nacht bei Zimmertemperatur ruhen lassen. So bleiben sie schön feucht und haben die richtige Konsistenz zur Weiterverarbeitung.

ZITRONEN-FROSTING

Nach den Anweisungen auf Seite 12 Frischkäse-Frosting herstellen, dann die Zitronenschale hinzufügen.

Mindestens 2 Stunden kühlen, bzw. bis das Frosting fest ist.

SCHICHTEN DER TORTE

Die drei Biskuitböden begradigen und aufeinanderlegen, dabei das Zitronen-Frosting als Füllung verwenden (s. S. 150–151).

Die Oberseite und die Seiten der Torte mit dem Zitronen-Frosting ummanteln (s. S. 152–153).

DEKORIEREN

Wenn Sie Ihre eigenen Lebkuchenmänner hergestellt haben, füllen Sie einen Papierspritzbeutel mit Royal Icing, schneiden Sie die Spitze ab, um ein kleines Loch zu bilden, und spritzen Sie Gesichter und Knöpfe auf die Figuren.

Das verbliebene Zitronen-Frosting in einen Spritzbeutel mit mittlerer, runder Spritztülle geben und acht Tupfen aus Frosting gleichmäßig um den Rand der Tortenoberseite spritzen. Jeweils einen Lebkuchenmann mit dem Gesicht zur Tortenmitte auf jeden Tupfen setzen.

Im Kühlschrank hält sich die Torte bis zu 1 Woche. Bei Zimmertemperatur servieren.

ZUCKER-PFLAUMEN-TORTE

DIESE KÖSTLICHE HERBSTTORTE KOMMT MIT IHREN OMBRÉ-BUTTERCREME-STREIFEN UND DER PFLAUMENKRONE ÄUSSERST SCHICK DAHER.

ZUTATEN

Für das Zimtbiskuit
200 g Butter
200 g extrafeiner Zucker
1 TL Vanilleextrakt
4 Eier, Größe M
200 g Mehl, mit 7 g Backpulver gemischt und gesiebt
1 TL gemahlener Zimt
1 Prise Salz

Für den Zimtsirup
150 ml Wasser
150 g extrafeiner Zucker
1 Zimtstange

Für die Füllung
200 g Pflaumenkonfitüre

Für die Zimt-Buttercreme
500 g weiche Butter
500 g Puderzucker, gesiebt
1 Prise Salz
1 EL gemahlener Zimt, gesiebt
etwas violette und rosa Lebensmittelfarbpaste

Für die Dekoration
2 frische Pflaumen, entsteint und geviertelt

ARBEITSMITTEL

Grundausstattung zum Backen (s. S. 8)
Grundausstattung zum Schichten (s. S. 8)
3 flache, runde Backformen, 15 cm Ø
3 Spritztüllen: Blütenblatt (ich verwende Wilton 104)
3 Spritzbeutel
(Zur Not genügt ein Spritzbeutel mit Tülle, jedoch verlängert sich die Zubereitungszeit, da Beutel und Tülle nach jedem Gebrauch ausgewaschen werden müssen)
mittlere, runde Spritztülle

Ergibt 1 Torte von 15 cm Ø bzw. 8 großzügige Stücke.

ZUBEREITUNG

Die Biskuits 1 Tag im Voraus herstellen.

ZIMTBISKUIT

Den Backofen auf 175 °C vorheizen. Die Backformen mit Ölspray einfetten und mit Backpapier auslegen.

Butter, extrafeinen Zucker und Vanilleextrakt im Elektromixer mit Rühraufsatz bei mittlerer bis hoher Geschwindigkeit schlagen, bis die Masse blass und luftig ist.

Die Eier in einem separaten Gefäß leicht schlagen und, während der Mixer bei mittlerer Geschwindigkeit läuft, langsam in die Buttermischung gießen. Falls die Mischung gerinnt, 1 EL Mehl hinzufügen, damit sie wieder bindet.

Mehl, Zimt und Salz zusammensieben, zur Mischung geben und bei niedriger Geschwindigkeit schlagen, bis alles gerade eben verbunden ist. Den Teig mit dem Gummispatel durcharbeiten.

Den Teig in die vorbereiteten Backformen geben und mit dem abgewinkelten Palettenmesser sanft an die Ränder streichen. Die Mischung sollte an den Rändern höher sein als in der Mitte, damit das Biskuit gleichmäßig backt.

20–25 Minuten backen. Das Biskuit ist fertig gebacken, wenn es bei leichtem Druck zurückspringt und sich an den Seiten von den Rändern der Form löst. Um sicherzugehen, kann ein sauberes Messer in die Biskuitmitte gesteckt werden; wenn das Biskuit fertig gebacken ist, kommt das Messer sauber heraus.

Während die Biskuits backen, nach den Anweisungen auf Seite 13 Zuckersirup herstellen. Wenn die Mischung lauwarm ist, die Zimtstange hinzufügen. Zimtstange entfernen, sobald der Sirup abgekühlt ist.

Die Biskuits aus dem Ofen nehmen und in den Formen 10 Minuten ruhen lassen. Die Oberseiten der Biskuits mit Zimtsirup bestreichen (etwas Sirup für das Schichten über Nacht im Kühlschrank verwahren).

Sobald die Biskuits gerade noch warm sind, mit einem Messer um den Innenrand der Form fahren, die Biskuits herausnehmen und auf einem Kuchengitter vollständig abkühlen lassen.

Die abgekühlten Biskuits in Frischhaltefolie wickeln und über Nacht bei Zimmertemperatur ruhen lassen.

ZIMT-BUTTERCREME

Nach den Anweisungen auf Seite 10 unter Verwendung der auf Seite 105 angegebenen Mengen Englische Buttercreme herstellen. Rosa und violette Lebensmittelfarbe hinzufügen und zu einem hellvioletten Farbton mischen.

SCHICHTEN DER TORTE

Die drei Biskuitböden begradigen und die Oberseiten mit Zimtsirup tränken. Jeweils mit Pflaumenkonfitüre bestreichen und aufeinanderstapeln (s. S. 150–151). Die Torte auf einen Drehteller stellen und die Oberseite und die Seiten mit der violetten Buttercreme ummanteln (s. S. 152–153). Zwei Schichten auftragen, bzw. bis die Krume nicht mehr durchscheint. Kühlen, bis die Buttercreme fest ist.

DEKORIEREN

Die verbliebene Buttercreme gleichmäßig auf drei Schüsseln verteilen. Eine Portion in der Originalfarbe belassen (der mittlere Farbton), mehr Violett zur zweiten Portion geben, um sie dunkler zu färben, und etwas Rosa zur dritten Portion geben, um sie aufzuhellen.

Jede Portion Buttercreme in einen Spritzbeutel mit Blütenblatt-Tülle geben.

Zuerst die dunkelste Buttercreme auftragen, indem drei bis vier Reihen um die Unterseite der Torte gespritzt werden, dann aufwärts weiterarbeiten, dabei zunächst den mittleren und dann den hellsten Farbton auftragen. Am Ende sollten drei gleichmäßige Buttercreme-Streifen aufgetragen sein (1–2).

Die Buttercreme mithilfe des Seitenschabers glätten, dabei den Drehteller drehen. Zum Schluss sollte ein Ombré-Effekt entstanden sein (3–4).

Die verbliebene dunkelviolette Buttercreme in einen Spritzbeutel mit runder Tülle geben und acht geschwungene Häubchen in gleichen Abständen um die Oberseite der Torte aufspritzen. Jedes Häubchen mit einem frischen Pflaumenviertel garnieren.

Die Torte sofort servieren, bzw. im Kühlschrank aufbewahren und bei Zimmertemperatur servieren. Am besten schmeckt sie innerhalb von 3 Tagen nach dem Backen, sie hält sich jedoch im Kühlschrank bis zu 1 Woche.

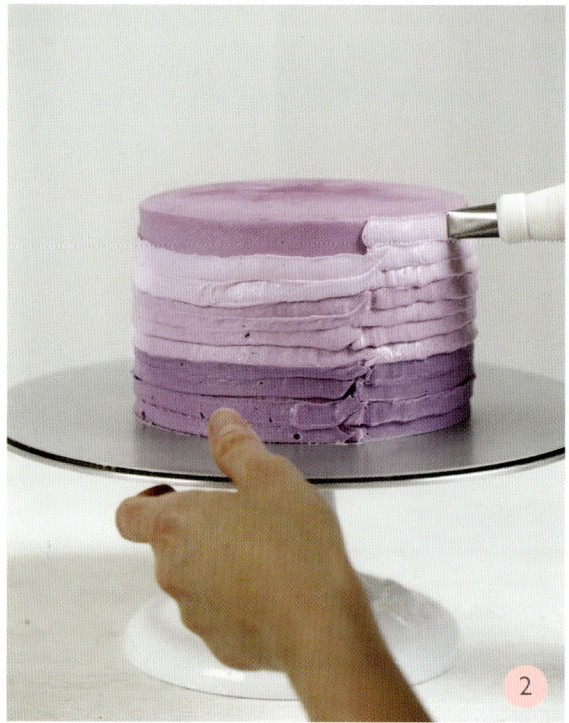

108 TORTENLIEBE

GEWÜRZTE KÜRBISTORTE

EINE GROSSARTIGE TORTE FÜR DEN HERBST: PERFEKT, UM ERNTEDANK ODER HALLOWEEN ZU FEIERN. SIE BESITZT EINE SAFTIGE, DICHTE TEXTUR UND SCHMECKT DOCH LEICHT, CREMIG UND WÜRZIG. ICH HABE DIE KÜRBISDEKO SELBST AUS MARZIPAN HERGESTELLT, ABER MAN KANN SIE AUCH KAUFEN.

ZUTATEN

Für das Kürbisbiskuit

100 g Butter
280 g Kürbispüree
½ TL feines Meersalz
115 ml Buttermilch
325 g hellbrauner Zucker
4 Eier
240 g Mehl
2 ½ TL Backpulver
½ TL Natron
¾ TL gemahlener Ingwer
1 TL gemahlener Zimt
¾ TL gemahlene Muskatnuss
¼ TL gemahlene Nelken

Für das Zimt-Frosting

250 g Frischkäse, Vollfettstufe
250 g weiche Butter
625 g Puderzucker, gesiebt
1 EL gemahlener Zimt

Für die Dekoration

Marzipan-Kürbisse (gekauft oder selbst gemacht)

ARBEITSMITTEL

Grundausstattung zum Backen (s. S. 8)
Grundausstattung zum Schichten (s. S. 8)
3 flache, runde Backformen, 15 cm Ø
Seitenschaber mit Muster

Ergibt 1 Torte zu 15 cm Ø bzw. 8 großzügige Stücke.

ZUBEREITUNG

Die Biskuits 1 Tag im Voraus herstellen.

KÜRBISBISKUIT

Den Backofen auf 170 °C vorheizen.

Drei flache Backformen von 15 cm Ø mit Ölspray einfetten und mit Backpapier auslegen.

Die Butter schmelzen und leicht abkühlen lassen.

Kürbispüree, Salz, Buttermilch und Zucker in die große Schüssel des Elektromixers geben und unter Verwendung des Schneebesen-Aufsatzes gut mischen.

Die Eier portionsweise hinzufügen, nach jeder Zugabe schlagen.

Mehl, Backpulver, Natron und Gewürze zusammensieben. Die Mehlmischung in zwei Portionen locker unter die Kürbismischung schlagen.

Die geschmolzene Butter hinzufügen und sanft unterrühren, bis alles gerade eben vermengt ist.

Die Mischung vorsichtig in die vorbereiteten Backformen gießen und 20–25 Minuten backen, bzw. bis die Biskuits bei leichtem Druck zurückspringen und ein eingeführtes Holzstäbchen sauber herauskommt.

Die fertig gebackenen Biskuits aus dem Ofen nehmen und in den Formen 10 Minuten ruhen lassen.

Sobald die Biskuits gerade noch warm sind, mit einem Messer um den Innenrand der Form fahren. Die Biskuits herausnehmen und auf einem Kuchengitter vollständig abkühlen lassen.

Die abgekühlten Biskuits in Frischhaltefolie wickeln und über Nacht bei Zimmertemperatur ruhen lassen. So bleiben sie schön feucht und haben die richtige Konsistenz zur Weiterverarbeitung.

ZIMT-FROSTING

Nach den Anweisungen auf Seite 12 Frischkäse-Frosting herstellen.

Den gemahlenen Zimt sanft unterheben und das Frosting mindestens 2 Stunden kühlen, bzw. bis es fest ist.

SCHICHTEN DER TORTE

Die drei Biskuitböden begradigen und schichten (s. S. 150–151). Das Zimt-Frosting als Füllung verwenden.

Die Oberseite und die Seiten der Torte mit dem verbliebenen Zimt-Frosting ummanteln (s. S. 152–153).

DEKORIEREN

Die gekühlte Torte nochmals mit einer großzügigen Schicht Zimt-Frosting ummanteln. Einen Seitenschaber mit gemustertem Rand verwenden, um diesen über die Seiten der Torte zu ziehen. Siehe hierzu das Rezept für die Tiramisutorte mit genauen Abbildungen auf den Seiten 86–91. Nochmals kühlen.

Die Oberseite mit den Marzipan-Kürbissen garnieren.

NEAPOLITANISCHE TORTE

EINE KÖSTLICHE KOMBINATION AUS LEICHTEM CHIFFON-BISKUIT UND GLATTER SCHOKO-MERINGUE-BUTTERCREME. CHIFFON-BISKUIT HAT VON SICH AUS EINE SEHR HELLE FARBE UND EIGNET SICH DESHALB PERFEKT ZUR KREATION DIESER VERSCHIEDENEN FARBTÖNE, DIE SICH DERZEIT GROSSER POPULARITÄT ERFREUEN.

ZUTATEN

Für das Chiffon-Biskuit
160 g Eigelb
450 g extrafeiner Zucker
150 ml pflanzliches Öl
330 g Eiweiß
1 Prise Weinsteinpulver
1 Prise Salz
3 EL Vanilleextrakt
450 g Mehl
30 g Backpulver
240 ml Milch
15 g Kakaopulver, gesiebt
rosa Lebensmittelfarbe

Für den Vanillesirup
250 ml Wasser
250 g extrafeiner Zucker
2 EL Vanilleextrakt

Für die Meringue-Buttercreme
540 g extrafeiner Zucker
134 ml Wasser
270 g Eiweiß
660 g Butter

Für die Schokoladen-Ganache
400 g Schokodrops (53 % Kakaoanteil)
300 g Sahne
40 g Glukose

Für die Dekoration
Kakaopulver
reine Meringue-Buttercreme

ARBEITSMITTEL

Grundausstattung zum Backen (s. S. 8)
Grundausstattung zum Schichten (s. S. 8)
3 flache, runde Backformen, 20 cm Ø
Tortenschablone: Polka-Punkte
Spritzbeutel
große, runde Spritztülle

Ergibt 1 runde Torte von 20 cm Ø bzw. 12–16 großzügige Stücke.

ZUBEREITUNG

Die Biskuits 1 Tag im Voraus herstellen.

CHIFFON-BISKUIT

Den Backofen auf 175 °C vorheizen. Drei flache Backformen von 20 cm Ø mit Ölspray einfetten und mit Backpapier auslegen.

Eigelbe und etwas Zucker im Elektromixer mit Schneebesen-Aufsatz blass und luftig schlagen. Das Öl langsam hinzugießen und gut untermixen, bis die Masse dick ist.

Eiweiße, Weinsteinpulver und Salz im Elektromixer mit Schneebesen-Aufsatz bei mittlerer bis hoher Geschwindigkeit schlagen, bis die Mischung weiche Spitzen bildet.

Bei laufendem Mixer langsam den verbliebenen Zucker einfügen und schlagen, bis die Mischung glänzt und steife Spitzen hält. Den Vanilleextrakt einrühren.

Mehl und Backpulver zusammensieben. Die Mehlmischung nach und nach zur Eigelbmischung hinzufügen und jede Zugabe sanft einarbeiten. Die Milch hinzufügen und die steifen Eiweiße unterheben.

Die Mischung vorsichtig zu gleichen Teilen auf drei Schüsseln aufteilen. Bei einer Portion Kakaopulver, bei der zweiten rosa Lebensmittelfarbe untermengen. Es sollten nun eine ungefärbte, eine Schokoladen- und eine rosa Mischung vorhanden sein.

Die Teige in die vorbereiteten Backformen geben und mit dem abgewinkelten Palettenmesser sanft an die Ränder streichen. Die Mischung sollte an den Rändern höher sein als in der Mitte, damit das Biskuit gleichmäßig backt.

25–30 Minuten backen. Ein sauberes Messer in die Biskuitmitte stecken; wenn das Biskuit fertig gebacken ist, kommt das Messer sauber heraus.

Nach den Anweisungen auf Seite 13 und unter Verwendung der auf Seite 114 angegebenen Mengen Zuckersirup herstellen und nach Geschmack Vanilleextrakt hinzufügen.

Den Biskuits aus dem Ofen nehmen und 10 Minuten in den Formen ruhen lassen. Die Oberseiten der Biskuits mit Vanillesirup bestreichen (etwas Sirup für das Schichten über Nacht im Kühlschrank verwahren).

Sobald die Biskuits gerade noch warm sind, mit einem Messer um den Innenrand der Form fahren, die Biskuits herausnehmen und auf einem Kuchengitter vollständig abkühlen lassen. In Frischhaltefolie wickeln und über Nacht bei Zimmertemperatur ruhen lassen.

MERINGUE-BUTTERCREME

Nach den Anweisungen auf Seite 10 und unter Verwendung der auf Seite 114 angegebenen Mengen Meringue-Buttercreme herstellen. Abkühlen lassen.

SCHOKOLADEN-GANACHE

Nach den Anweisungen auf Seite 13 und unter Verwendung der auf Seite 114 angegebenen Mengen eine Schokoladen-Ganache herstellen. Bei Zimmertemperatur abkühlen lassen.

SCHOKOLADEN-BUTTERCREME

250 g der Buttercreme für die Dekoration verwahren. 700 g Schokoladen-Ganache sanft unter 1,15 kg Meringue-Buttercreme heben; die Masse nicht zu heftig bearbeiten, da sie sich leicht trennt.

SCHICHTEN DER TORTE

Die Biskuitböden begradigen und mit Vanillesirup tränken. Böden schichten; den Schokoladenboden unten, den rosa Boden in der Mitte und den Vanilleboden oben. Zwischen die Böden jeweils eine Schicht Schokoladen-Buttercreme streichen (s. S. 150–151).

Die Oberseite und die Seiten der Torte mit der verbliebenen Schokoladen-Buttercreme ummanteln (s. S. 152–153).

DEKORIEREN

Die Schablone mit den Punkten mittig auf die Oberseite der gekühlten Torte legen und großzügig mit Kakao bestäuben. Die Schablone vorsichtig entfernen.

Die verbliebene ungefärbte Meringue-Buttercreme in einen Spritzbeutel mit großer, runder Spritztülle füllen und zwölf Tupfen gleichmäßig um die Außenseite der Torte herum aufspritzen.

Die Torte sofort servieren, bzw. im Kühlschrank aufbewahren und bei Zimmertemperatur servieren. Am besten schmeckt sie innerhalb der ersten 3 Tage nach dem Backen, sie hält sich jedoch im Kühlschrank bis zu 1 Woche.

SCHWARZWÄLDER KIRSCHTORTE

EINE ÜPPIGE VERSION DER TRADITIONELLEN SCHWARZWÄLDER KIRSCHTORTE. ICH HABE HIER GRIOTTINE-KIRSCHEN (SCHATTENMORELLEN IN KIRSCHLIKÖR EINGELEGT) VERWENDET. FALLS SIE DIESE NICHT BEKOMMEN KÖNNEN, LEGEN SIE EINFACH SCHATTENMORELLEN EIN PAAR TAGE VOR GEBRAUCH IN KIRSCHLIKÖR EIN.

ZUTATEN

Für das Schokoladenbiskuit
100 g Butter
340 g hellbrauner Zucker
100 g Schokodrops (53% Kakaoanteil)
150 ml Milch
3 Eier, Größe M
225 g Mehl
2 ¼ EL Kakaopulver
¾ TL Natron
¾ TL Backpulver
1 Prise Salz
Griottine-Kirschen (Sirup zum Tränken aufbewahren)

Für das Kirsch-Frosting
250 g Frischkäse, Vollfettstufe
250 g weiche Butter
625 g Puderzucker, gesiebt
1 EL Vanilleextrakt
4 EL Kirschlikör (oder nach Geschmack)

Für die Dekoration
Kirsch-Frosting
Griottine-Kirschen
Schokostreusel

ARBEITSMITTEL

Grundausstattung zum Backen (s. S. 8)
Grundausstattung zum Schichten (s. S. 8)
3 flache, runde Backformen, 15 cm Ø
Spritzbeutel
mittlere Sterntülle

Ergibt 1 runde Torte von 15 cm Ø bzw. 8 großzügige Stücke.

ZUBEREITUNG

Die Biskuits 1 Tag im Voraus herstellen.

SCHOKOLADENBISKUIT
Den Backofen auf 160 °C vorheizen.

Drei flache Backformen von 15 cm Ø mit Ölspray einfetten und mit Backpapier auslegen.

Butter und die Hälfte des Zuckers im Elektromixer mit Rühraufsatz bei mittlerer bis hoher Geschwindigkeit schlagen, bis die Masse blass und luftig ist.

In der Zwischenzeit Schokolade, Milch und verbliebenen Zucker in einen hohen Topf geben und unter gelegentlichem Umrühren zum Kochen bringen.

Sobald Butter und Zucker blass und luftig sind, langsam die Eier hinzufügen.

Mehl, Kakaopulver, Natron, Backpulver und Salz zusammensieben und zur Mischung geben, während der Mixer auf niedriger Stufe läuft.

Die heiße Schokoladen-Mischung in einen Krug geben und langsam in den Kuchenteig gießen, während der Mixer auf niedriger Stufe läuft. Vorsicht, die heiße Mischung kann spritzen.

Sobald alles vermengt ist, den heißen Teig in die vorbereiteten Backformen gießen. Eine Handvoll Kirschen in jede Form fallen lassen.

20–25 Minuten backen. Das Biskuit ist fertig gebacken, wenn es bei leichtem Druck zurückspringt und sich an den Seiten von den Rändern der Form löst. Ein in die Mitte des Biskuits gestecktes, sauberes Messer sollte nicht sauber herauskommen, sondern mit ein paar Krümeln bedeckt sein. Darauf achten, dass der Kuchen nicht zu lange backt; er sollte eine etwas klebrige Textur aufweisen.

Die fertig gebackenen Biskuits aus dem Ofen nehmen und in den Formen 10 Minuten ruhen lassen. Die Oberseiten der Biskuits mit dem verwahrten Sirup der Griottine-Kirschen bestreichen und abkühlen lassen.

Die noch warmen Biskuits auf dem Kuchengitter vollständig abkühlen lassen.

Die abgekühlten Biskuits in Frischhaltefolie wickeln und über Nacht bei Zimmertemperatur ruhen lassen. So bleiben sie schön feucht und haben die richtige Konsistenz zur Weiterverarbeitung.

KIRSCH-FROSTING
Nach den Anweisungen auf Seite 12 Frischkäse-Frosting herstellen. Vanilleextrakt und Kirschlikör nach Geschmack sanft unterheben.

Im Kühlschrank fest werden lassen.

SCHICHTEN DER TORTE
Die drei Biskuitböden begradigen und die Oberseiten mit dem verwahrten Sirup der Griottine-Kirschen bestreichen. Den untersten Boden mit dem Kirsch-Frosting bestreichen, eine Handvoll Griottine-Kirschen gleichmäßig auf dem Frosting verteilen und den mittleren Boden auflegen. Den Vorgang wiederholen und den obersten Boden auflegen (s. S. 150–151).

Die Torte auf einen Drehteller setzen und mit dem Kirsch-Frosting ummanteln (s. S. 152–153).

DEKORIEREN
Einen Spritzbeutel mit Sterntülle mit dem verbliebenen Kirsch-Frosting füllen und acht Rosetten um den Rand der Tortenoberseite herum spritzen.

Jede Rosette mit einer Griottine-Kirsche garnieren und die Torte leicht mit Schokostreuseln bestreuen.

Die Torte sofort servieren, bzw. im Kühlschrank aufbewahren und bei Zimmertemperatur servieren. Vor Hitze und direkter Sonneneinstrahlung schützen. Am besten schmeckt sie innerhalb der ersten 3 Tage nach dem Backen, sie hält sich jedoch im Kühlschrank bis zu 1 Woche.

CHEEKY-MONKEY-BANANENTORTE

KÖSTLICH UND DOCH GESUND, ERFREUT SICH DIESE TORTE NICHT NUR BEI KINDERN GROSSER BELIEBTHEIT. WENN SIE ES VORZIEHEN, DIE TORTE NICHT MIT SÜSSIGKEITEN ZU DEKORIEREN, KÖNNEN SIE STATTDESSEN BANANENSCHEIBEN VERWENDEN.

ZUTATEN

Für das Bananenbiskuit
225 g Butter
450 g hellbrauner Zucker
1 TL Vanilleextrakt
3 Eier
600 g überreife Bananen, als Mus
150 g Schokochips, gehackt
405 g Mehl, gesiebt
9 g Natron
9 g Weißweinessig

Für den Vanillesirup
150 ml Wasser
150 g extrafeiner Zucker
1 EL Vanilleextrakt

Für die Erdnuss-Buttercreme
270 g extrafeiner Zucker
67 ml Wasser
135 g Eiweiß
330 g Butter
4 EL Erdnussbutter, cremig gerührt

Für die Dekoration
feine Schokoladenstreusel
Schaumzucker-Bananen

ARBEITSMITTEL

Grundausstattung zum Backen (s. S. 8)
Grundausstattung zum Schichten (s. S. 8)
3 flache, runde Backformen, 15 cm Ø
Spritzbeutel
große Sterntülle

Ergibt 1 Torte von 15 cm Ø bzw. 8 großzügige Stücke.

ZUBEREITUNG

Die Biskuits 1 Tag im Voraus herstellen.

BANANENBISKUIT

Den Backofen auf 175 °C vorheizen.

Drei flache Backformen von 15 cm Ø mit Ölspray einfetten und mit Backpapier auslegen.

Butter, hellbraunen Zucker und Vanilleextrakt im Elektromixer mit Rühraufsatz bei mittlerer bis hoher Geschwindigkeit schlagen, bis die Masse blass und luftig ist.

Die Eier in einem separaten Gefäß leicht schlagen und, während sich der Rühraufsatz bei mittlerer Geschwindigkeit dreht, die Eier langsam in die Buttermischung gießen. Falls die Mischung gerinnt, 1 EL Mehl hinzufügen, damit sie wieder bindet.

Sobald Butter, Zucker und Eier verbunden sind, das Bananenmus und die Schokochips hinzufügen und bei niedriger Geschwindigkeit schlagen, bis alles gerade eben verbunden ist.

Das Mehl hinzufügen und den Teig mit dem Gummispatel durcharbeiten, um sicherzustellen, dass alles gut vermengt ist.

Natron und Weißweinessig vermengen und zügig in die Mischung geben.

Den Teig in die vorbereiteten Backformen geben und mit dem abgewinkelten Palettenmesser sanft an die Ränder streichen. 20–25 Minuten backen.

Das Biskuit ist fertig gebacken, wenn es bei leichtem Druck zurückspringt und sich an den Seiten von den Rändern der Form löst. Ein in die Biskuitmitte gestecktes, sauberes Messer sollte sauber herauskommen.

Während die Biskuits backen, nach den Anweisungen auf Seite 13 Zuckersirup herstellen und mit Vanilleextrakt aromatisieren.

Die fertig gebackenen Biskuits aus dem Ofen nehmen und in den Formen 10 Minuten ruhen lassen. Die Oberseiten der Biskuits mit Vanillesirup bestreichen (etwas Sirup für das Schichten über Nacht im Kühlschrank verwahren).

Sobald die Biskuits gerade noch warm sind, mit einem Messer um den Innenrand der Form fahren, die Biskuits herausnehmen und auf einem Kuchengitter vollständig abkühlen lassen.

Die abgekühlten Biskuits in Frischhaltefolie wickeln und über Nacht bei Zimmertemperatur ruhen lassen.

ERDNUSS-MERINGUE-BUTTERCREME

Nach den Anweisungen auf Seite 10 Meringue-Buttercreme herstellen.

Die Erdnussbutter sanft unter 750 g Meringue-Buttercreme heben.

SCHICHTEN DER TORTE

Die drei Biskuitböden begradigen und die Oberseiten mit Vanillesirup tränken und schichten, dabei die Erdnuss-Buttercreme als Füllung verwenden (s. S. 150–151).

Die Oberseite und die Seiten der Torte mit Erdnuss-Buttercreme ummanteln (s. S. 152-153).

DEKORIEREN

Reichlich feine Schokostreusel auf einem mit Backpapier ausgekleideten Backblech verstreuen.

Die Seiten der gekühlten Torte über die Streusel rollen, sodass die Seiten gleichmäßig bedeckt sind. Wenn Sie mögen, können Sie die Streusel von Hand auf die schräg gehaltene Torte aufbringen.

Einen Spritzbeutel mit Sterntülle mit der verbliebenen Erdnuss-Meringue-Buttercreme füllen und ein Muschelmuster mit der Muschelseite nach unten auf die Oberseite der Torte spritzen. Jede Muschel mit einer Schaumzucker-Banane garnieren.

Die Torte sofort servieren, bzw. im Kühlschrank aufbewahren und bei Zimmertemperatur servieren. Am besten schmeckt sie innerhalb von 3 Tagen nach dem Backen, sie hält sich jedoch im Kühlschrank bis zu 5 Tage.

ERDBEER-CHAMPAGNER-TORTE

EIN PRACHTSTÜCK – PERFEKT FÜR EINEN ROMANTISCHEN ANLASS.
DIE GOLD-DRAGEES SORGEN FÜR GLAMOUR, ABER AUCH FRISCHE ERDBEEREN
ODER CHAMPAGNER-TRÜFFEL MACHEN DIE TORTE ZU EINEM HINGUCKER.

ZUTATEN

Für das Vanillebiskuit
800 g Butter
800 g extrafeiner Zucker
1 EL Vanilleextrakt
16 Eier, Größe M
800 g Mehl, mit 25 g Backpulver gemischt
und gesiebt

Für den Champagnersirup
500 ml Wasser
500 g extrafeiner Zucker
4 EL Marc de Champagner (Menge nach Geschmack)

Für die Englische Buttercreme
1 kg weiche Butter
1 kg Puderzucker, gesiebt
½ TL Salz
rosa Lebensmittelfarbpaste

Für die Füllung
600 g Erdbeer-Champagner-Marmelade

Für die Dekoration
Gold-Dragees

ARBEITSMITTEL

Grundausstattung zum Backen (s. S. 8)
Grundausstattung zum Schichten (s. S. 8)
je 3 flache, runde Backformen: 10 cm Ø, 15 cm Ø, 20 cm Ø
je 1 runde Tortenpappe: 10 cm Ø, 15 cm Ø, 20 cm Ø
5 Tortendübel
Spritzbeutel

Ergibt je 1 runde Tortenetage zu 10 cm Ø, 15 cm Ø und 20 cm Ø
bzw. 70 schmale Stücke oder 25 Dessertportionen.

ZUBEREITUNG

Die Biskuits 1 Tag im Voraus herstellen.

VANILLEBISKUITS

Den Backofen auf 175 °C vorheizen.

Alle Backformen mit Ölspray einfetten und mit Backpapier auslegen.

Butter, extrafeinen Zucker und Vanilleextrakt im Elektromixer mit Rühraufsatz bei mittlerer bis hoher Geschwindigkeit schlagen, bis die Masse blass und luftig ist.

In einem separaten Gefäß die Eier leicht schlagen und, während der Mixer auf mittlerer Geschwindigkeit läuft, langsam in die Buttermischung gießen. Sollte die Mischung stocken, 1 EL Mehl hinzufügen, damit sie wieder bindet.

Das Mehl hinzufügen und auf niedriger Stufe mixen, bis es gerade eben eingebunden ist. Den Teig mit einem Gummispatel durcharbeiten.

Den Teig in die vorbereiteten Backformen geben und mit dem abgewinkelten Palettenmesser sanft an die Ränder streichen. Die Mischung sollte an den Rändern höher sein als in der Mitte, damit das Biskuit gleichmäßig backt.

20–30 Minuten backen. Das Biskuit ist fertig gebacken, wenn es bei leichtem Druck zurückspringt und sich an den Seiten von den Rändern der Form löst. Um sicherzugehen, kann ein sauberes Messer in die Biskuitmitte gesteckt werden; wenn das Biskuit fertig gebacken ist, kommt das Messer sauber heraus.

Nach den Anweisungen auf Seite 13 und unter Verwendung der auf Seite 126 angegebenen Mengen Zuckersirup herstellen. Abkühlen lassen, dann nach Geschmack Marc de Champagner hinzufügen.

Die Biskuits aus dem Ofen nehmen und in den Formen 10 Minuten ruhen lassen. Die Oberseiten der Biskuits mit Champagnersirup bestreichen (etwas Sirup für das Schichten über Nacht im Kühlschrank verwahren).

Sobald die Biskuits gerade noch warm sind, mit einem Messer um den Innenrand der Form fahren, die Biskuits herausnehmen und auf einem Kuchengitter vollständig abkühlen lassen.

Die abgekühlten Biskuits in Frischhaltefolie wickeln und über Nacht bei Zimmertemperatur ruhen lassen.

ENGLISCHE BUTTERCREME

Nach den Anweisungen auf Seite 10 und unter Verwendung der auf Seite 126 angegebenen Mengen Englische Buttercreme herstellen. Mit der rosa Lebensmittelfarbe einen blassen, pfirsichrosa Farbton herstellen.

SCHICHTEN UND AUFBAUEN DER TORTE

Die Biskuitböden begradigen und die Oberseiten mit Champagnersirup tränken, dann jeweils mit Erdbeer-Champagner-Marmelade bestreichen und aufeinanderlegen (s. S. 150–151). Am Ende sollte je eine Torte von 10 cm Ø, 15 cm Ø und 20 cm Ø derselben Höhe vorhanden sein.

Jede Torte auf einen Drehteller setzen und mit rosa Buttercreme ummanteln (s. S. 152–153). Vier Tortendübel auf die Höhe der 20-cm-Torte und einen Dübel auf die Höhe der 15-cm-Torte kürzen.

Die vier zugeschnittenen Dübel im Viereck in die Mitte der 20-cm-Torte stecken, so weit wie möglich zum Außenrand hin, jedoch innerhalb des Umfangs der Etage, die darauf ruhen wird. Den einzelnen Dübel in die Mitte der 15-cm-Torte stecken.

Etwas Buttercreme in der Mitte der 20-cm-Etage verteilen und die 15-cm-Etage daraufsetzen. Den Vorgang bei der 15-cm-Etage wiederholen und die 10-cm-Etage daraufsetzen. Sicherstellen, dass alle drei Etagen perfekt und gerade in der Mitte stehen.

Etwas Buttercreme in einen Papierspritzbeutel geben, die Spitze abschneiden und mit dem Beutel eventuell entstandene Lücken zwischen den Etagen ausspritzen. Mit dem kleinen Finger die Buttercreme ausgleichen und schön glatt verstreichen.

DEKORIEREN

Etwas Buttercreme auf die Gold-Dragees spritzen und diese um die Unterseite jeder Etage herum in unregelmäßigem Champagnerperlen-Muster aufkleben.

Die Torte sofort servieren, bzw. im Kühlschrank aufbewahren und bei Zimmertemperatur servieren. Am besten schmeckt sie innerhalb von 3 Tagen nach dem Backen, sie hält sich jedoch im Kühlschrank bis zu 1 Woche.

LAGERFEUER-TORTE

INSPIRIERT DURCH DIE TRADITIONELLE AMERIKANISCHE LAGERFEUER-SÜSSIGKEIT S'MORE, BESTEHT DIESE TORTE AUS LEICHT GEWÜRZTEM BISKUIT, GETRÄNKT MIT HONIGSIRUP, GESCHICHTET MIT SCHOKOLADEN-GANACHE UND BUTTERCREME UND UMMANTELT MIT FLAMBIERTER MERINGUE.

ZUTATEN

Für das gewürzte Biskuit
105 g Butter
275 g hellbrauner Zucker
1 TL Vanilleextrakt
2 Eier
250 g Mehl
1 TL gemahlener Zimt
1 Prise Salz
250 g Buttermilch
1 ¼ TL Weißweinessig
1 TL Natron

Für den Honigsirup
125 g Honig

Für die Meringue-Buttercreme
270 g extrafeiner Zucker
67 ml Wasser
135 g Eiweiß
330 g Butter

Für die Italienische Meringue
112 g Zucker
2 Eiweiß
1 Prise Weinsteinpulver
1 Prise Salz

Für die Schokoladen-Ganache
200 g Schokodrops (53 % Kakaoanteil)
150 g Sahne
20 g Glukose

ARBEITSMITTEL

Grundausstattung zum Backen (s. S. 8)
Grundausstattung zum Schichten (s. S. 8)
3 flache, runde Backformen, 15 cm Ø
Zuckerthermometer
Seitenschaber
Spritzbeutel
große, runde Spritztülle
Flambierer

Ergibt 1 runde Torte von 15 cm Ø bzw. 8 großzügige Stücke.

ZUBEREITUNG

Die Biskuits 1 Tag im Voraus herstellen.

GEWÜRZTES BISKUIT

Den Backofen auf 175 °C vorheizen. Die Backformen mit Ölspray einfetten und mit Backpapier auslegen.

Butter, Zucker und Vanilleextrakt im Elektromixer mit Rühraufsatz bei mittlerer bis hoher Geschwindigkeit schlagen, bis die Masse blass und luftig ist.

In einem separaten Gefäß die Eier leicht schlagen und, während der Mixer auf mittlerer Geschwindigkeit läuft, die Eimasse langsam in die Buttermischung gießen. Sollte die Mischung stocken, 1 EL Mehl hinzufügen, damit sie wieder bindet.

Mehl, Zimt und Salz in eine Schüssel sieben. Den Mixer auf niedrige Stufe stellen und die trockenen Zutaten und die Buttermilch portionsweise hinzufügen.

Essig und Natron vermengen und zügig zur Mischung geben. Teig mit dem Gummispatel sanft durcharbeiten, um sicherzustellen, dass sich keine Klumpen gebildet haben.

Den Teig in die vorbereiteten Backformen geben und mit dem abgewinkelten Palettenmesser sanft an die Ränder streichen. 25–30 Minuten backen. Das Biskuit ist fertig gebacken, wenn es bei leichtem Druck zurückspringt und sich an den Seiten von den Rändern der Form löst.

Während die Biskuits backen, den Honigsirup herstellen. Hierfür 125 ml Wasser und den Honig in einem Topf unter gleichmäßigem Rühren erhitzen, bis sich der Honig aufgelöst hat.

Die fertig gebackenen Biskuits aus dem Ofen nehmen und in den Formen 10 Minuten ruhen lassen. Die Oberseiten mithilfe eines Backpinsels mit Honigsirup tränken.

Die Biskuits aus den Backformen nehmen und auf einem Kuchengitter vollständig abkühlen lassen. In Frischhaltefolie wickeln und über Nacht bei Zimmertemperatur ruhen lassen.

MERINGUE-BUTTERCREME

Nach den Anweisungen auf Seite 10 Meringue-Buttercreme herstellen.

ITALIENISCHE MERINGUE

Zucker und 45 ml Wasser in einem kleinen Topf bei mittlerer bis hoher Hitze zum Kochen bringen.

Eiweiße, Weinsteinpulver und Salz im Elektromixer mit Schneebesen-Aufsatz bei niedriger Geschwindigkeit schaumig rühren.

Die Zuckermischung bis 121 °C aufkochen lassen.

Bei laufendem Mixer den Sirup in einem dünnen, gleichmäßigen Strom direkt über die Meringue gießen, nicht auf die Rührbesen oder die Seiten laufen lassen. Schlagen, bis sich die Masse kühl anfühlt, was einige Minuten in Anspruch nehmen kann. Die Meringue sollte glänzend und steif sein (1). Vollständig abkühlen lassen.

SCHOKOLADEN-GANACHE

Nach den Anweisungen auf Seite 13 Schokoladen-Ganache herstellen.

SCHICHTEN DER TORTE

Die Biskuitböden begradigen und die Oberseiten mit Honigsirup tränken. Die Böden jeweils mit Schokoladen-Ganache und Buttercreme bestreichen und aufeinandersetzen (s. S. 150–151).

Mit der verbliebenen Meringue-Buttercreme eine Ummantelungsschicht herstellen (s. S. 152–153).

DEKORIEREN

Für die abschließende Ummantelung die Oberseite und die Seiten der Torte mit Italienischer Meringue ummanteln; hierfür ein Palettenmesser verwenden (2–3), dann mithilfe des Seitenschabers eine glatte Oberfläche um die Seiten herum schaffen (4) und mit dem Palettenmesser die Oberseite glatt und eben verstreichen (5).

Die verbliebene Meringue in einen Spritzbeutel mit großer, runder Spritztülle füllen. „Flammen" auf die Oberseite der Torte spritzen (6–7).

Mit dem Flambierer die Seiten und die Oberseite der Torte leicht bräunen (8–9).

Die Torte sofort servieren, bzw. im Kühlschrank aufbewahren und bei Zimmertemperatur servieren. Im Kühlschrank hält sie sich bis zu 3 Tage.

LAGERFEUER-TORTE

SCHACHBRETT-TORTE

VERBLÜFFEND – IHRE GÄSTE WERDEN SICH FRAGEN, WIE SIE WOHL DIESES ERSTAUNLICHE SCHACHBRETTMUSTER HINBEKOMMEN HABEN.

ZUTATEN

Für das Vanillebiskuit

200 g Butter
200 g extrafeiner Zucker
1 EL Vanilleextrakt
4 Eier, Größe M, zimmerwarm
200 g Mehl, mit 10 g Backpulver gemischt und gesiebt

Für das Schokoladenbiskuit

100 g Butter
340 g hellbrauner Zucker
100 g Schokodrops (53 % Kakaoanteil)
150 ml Milch
3 Eier, Größe M
225 g Mehl, gesiebt
2 ¼ EL Kakaopulver
¾ TL Natron
¾ TL Backpulver
1 Prise Salz

Für den Vanillesirup

150 ml Wasser
150 g extrafeiner Zucker
1 EL Vanilleextrakt (oder nach Geschmack)

Für die Buttercreme

300 g weiche Butter
300 g Puderzucker, gesiebt
1 Prise Salz
1 EL Vanilleextrakt

Für die Dekorationen

Buttercreme
Hortensienmuster: grüne und violette Lebensmittelfarbe
Rosenknospenmuster: grüne und rosa Lebensmittelfarbe
Blütenmuster: gelbe Lebensmittelfarbe
silberne Zuckerperlen

ARBEITSMITTEL

Grundausstattung zum Backen (s. S. 8)
Grundausstattung zum Schichten (s. S. 8)
3 flache, runde Backformen, 15 cm Ø
runde Gebäckausstecher: 5 cm Ø, 9 cm Ø und 12 cm Ø
Spritzbeutel
kleine, geschlossene Sterntülle (Hortensie oder Rosenknospe)
kleine Blatt-Spritztülle (Hortensie oder Rosenknospe)
mittlere Blütenblatt-Spritztülle, Wilton 104 (Blüte)

Ergibt 1 runde Torte von 15 cm Ø bzw. 8 großzügige Stücke.

ZUBEREITUNG

Die Biskuits 1 Tag im Voraus herstellen.

VANILLEBISKUIT

Den Backofen auf 175 °C vorheizen. Zwei flache Backformen von 15 cm Ø mit Ölspray einfetten und mit Backpapier auslegen.

Butter, Zucker und Vanilleextrakt im Elektromixer mit Rühraufsatz bei mittlerer bis hoher Geschwindigkeit schlagen, bis die Masse blass und luftig ist. Eier leicht schlagen und, während der Mixer auf mittlerer Geschwindigkeit läuft, langsam in die Buttermischung geben. Sollte die Mischung stocken, 1 EL Mehl hinzufügen, um sie wieder zu binden.

Das Mehl hinzufügen und bei niedriger Geschwindigkeit mixen, bis alles gerade eben zusammengefügt ist. Den Teig mit einem Gummispatel durcharbeiten. Teig in die vorbereiteten Backformen geben. 20–25 Minuten backen.

Nach den Anweisungen auf Seite 13 unter Verwendung der auf Seite 136 angegebenen Mengen Zuckersirup herstellen und mit Vanilleextrakt aromatisieren.

Die Biskuits 10 Minuten abkühlen lassen. Die Oberseiten mit Vanillesirup tränken, auf ein Kuchengitter legen und vollständig abkühlen lassen. In Frischhaltefolie wickeln und über Nacht bei Zimmertemperatur ruhen lassen.

SCHOKOLADENBISKUIT

Den Backofen auf 160 °C vorheizen. Zwei flache Backformen von 15 cm Ø mit Ölspray einfetten und mit Backpapier auslegen.

Die Butter und die Hälfte des braunen Zuckers im Elektromixer mit Rühraufsatz bei mittlerer bis hoher Geschwindigkeit schlagen, bis die Masse blass und luftig ist.

Schokolade, Milch und verbliebenen Zucker unter gelegentlichem Rühren zum Kochen bringen. Langsam die Eier zur Buttermischung hinzufügen. Mehl, Kakaopulver, Natron, Backpulver und Salz zusammensieben. Unter langsamem Schlagen zur Mischung geben.

Die heiße Schokoladenmischung langsam in den Kuchenteig geben, während der Mixer auf niedriger Stufe läuft. Den heißen Kuchenteig in die vorbereiteten Backformen geben und 20–25 Minuten backen.

Die Biskuits aus dem Ofen nehmen und abkühlen lassen.

BUTTERCREME

Nach den Anweisungen auf Seite 10 unter Verwendung der auf Seite 136 angegebenen Mengen Englische Buttercreme herstellen. Den Vanilleextrakt unterheben.

VIOLETTE TORTE HERSTELLEN

Die Biskuits begradigen (s. S. 150–151, Schritt 1).

Mit den Gebäckausstechern aus jedem Biskuit Ringe ausstechen (1–2). Die Aromen abwechselnd und die Ringe mithilfe einer dünnen Schicht gespritzter Buttercreme zusammenkleben (3–7). Die Scheiben mit einer dünnen Schicht Buttercreme (8) aufeinanderkleben; darauf achten, dass sich die Farben abwechseln (9).

Etwas Buttercreme mit etwas grüner Lebensmittelfarbe zu einem hellen Grün anmischen.

Die Oberseite und die Seiten der Torte mit Buttercreme ummanteln (s. S. 152–153). Die verbliebene Buttercreme mit etwas violetter Lebensmittelfarbe zu einem hellen Violett mischen; für die letzte Ummantelungsschicht verwenden. Für die rosa oder gelbe Torte die Farbe entsprechend angleichen und wie zuvor verfahren.

DEKORIEREN DER VIOLETTEN TORTE

Die verbliebene violette Buttercreme auf zwei Schüsseln aufteilen. Etwas mehr violette Lebensmittelfarbe in eine der Schüsseln mengen.

Den helleren Farbton in einen Spritzbeutel geben und unter Verwendung der Sterntülle kleine Hortensienblüten in weitem Abstand auf die Oberseite und die Seiten der Torte spritzen. Dunklere violette Blüten zwischen die helleren aufspritzen.

Die grüne Buttercreme in einen Spritzbeutel mit Blatt-Spritztülle geben und Blätter um die Blütenanordnungen herum spritzen.

Für die gelben Blüten Buttercreme auf kleine Vierecke aus Backpapier spritzen, dabei die gerundete Seite der Tülle nach unten in die Mitte des Papiers halten. Während Sie den Spritzbeutel zusammendrücken, einmal im Kreis arbeiten, bis eine volle Blüte entstanden ist. Zuckerperlen in die Mitte drücken. Kühlen, dann auf die Torte drücken.

SCHACHBRETT-TORTE

PFIRSICH-MANDEL-TORTE

DIESES REZEPT BERUHT AUF EINER DER ALLERERSTEN SCHICHTTORTEN, AN DENEN ICH MICH ALS TEENAGER VERSUCHT HABE. ES HANDELT SICH UM EIN ZARTES MANDELBISKUIT, GETRÄNKT MIT GRAND-MARNIER-SIRUP, GESCHICHTET MIT ZIMT-BUTTERCREME UND POCHIERTEN PFIRSICHEN.

ZUTATEN

Für das Mandelbiskuit
200 g gesalzene Butter
200 g extrafeiner Zucker
1 TL Vanilleextrakt
4 Eier, Größe M, zimmerwarm
200 g Mehl, mit 10 g Backpulver gemischt und gesiebt
100 g gemahlene Mandeln

Für die pochierten Pfirsiche
200 g extrafeiner Zucker
2 Zimtstangen
3 frische Pfirsiche, geschält

Für den Grand-Marnier-Sirup
passierte Pochier-Flüssigkeit der Pfirsiche
Grand Marnier (nach Geschmack)

Für die Zimt-Meringue-Buttercreme
540 g extrafeiner Zucker
134 ml Wasser
270 g Eiweiß
660 g Butter
2 El. gemahlener Zimt (nach Geschmack)

Für die Dekoration
8 goldene Zuckermandeln
Marzipan-Pfirsiche (gekauft oder selbst gemacht)

ARBEITSMITTEL

Grundausstattung zum Backen (s. S. 8)
Grundausstattung zum Schichten (s. S. 8)
3 flache, runde Backformen, 15 cm Ø
Spritzbeutel
runde Spritztülle Nr. 3
nur für die Etagentorte: 8 Tortendübel
runde Tortenpappen: 1 von 15 cm Ø, 1 von 20 cm Ø und 1 von 25 cm Ø

Ergibt 1 runde Torte von 15 cm Ø bzw. 8 großzügige Stücke.
Um eine 3-Etagentorte wie abgebildet herzustellen, werden benötigt: 1 Torte von 15 cm Ø, 1 von 20 cm Ø und 1 von 25 cm Ø. Hierfür die angegebenen Mengen für die 25-cm-Torte verdreifachen und für die 20-cm-Torte verdoppeln.

ZUBEREITUNG

Die Pfirsiche 1 Tag vor der Zubereitung der Torte pochieren und das Biskuit backen.

PFIRSICHE POCHIEREN

Zucker, Zimtstangen und 200 ml Wasser in einem mittelgroßen Topf zum Köcheln bringen.

Die Pfirsiche in die Flüssigkeit geben und 15–20 Minuten sanft pochieren, bis sie zart, aber nicht weich sind. Pfirsiche während des Pochierens umdrehen und häufig mit Sirup begießen. Aus der Pochierflüssigkeit nehmen und abkühlen lassen.

Die Pochierflüssigkeit zum Kochen bringen und um die Hälfte reduzieren, dann je nach Geschmack Grand Marnier hinzufügen.

MANDELBISKUIT

Den Backofen auf 175 °C vorheizen. Drei flache Backformen von 15 cm Ø mit Ölspray einfetten und mit Backpapier auslegen.

Butter, extrafeinen Zucker und Vanilleextrakt im Elektromixer mit Rühraufsatz bei mittlerer bis hoher Geschwindigkeit schlagen, bis die Masse blass und luftig ist.

Die Eier leicht schlagen und während der Mixer auf mittlerer Geschwindigkeit läuft, langsam in die Buttermischung geben. Sollte die Mischung stocken, 1 EL Mehl hinzufügen, damit sie wieder bindet.

Mehl und gemahlene Mandeln hinzufügen und bei niedriger Geschwindigkeit schlagen, bis alles gerade eben zusammengefügt ist. Den Teig mit einem Gummispatel durcharbeiten.

Den Teig in die vorbereiteten Backformen geben und mit dem abgewinkelten Palettenmesser sanft an die Ränder streichen. 20–25 Minuten backen.

Die Biskuits aus dem Ofen nehmen und in den Formen 10 Minuten ruhen lassen. Die Oberseiten der Biskuits mit Grand-Marnier-Sirup bestreichen (etwas Sirup für das Schichten über Nacht im Kühlschrank verwahren).

Die Biskuits aus den Formen nehmen und auf dem Kuchengitter vollständig abkühlen lassen. Die Biskuits dann in Frischhaltefolie wickeln und über Nacht bei Zimmertemperatur ruhen lassen.

ZIMT-MERINGUE-BUTTERCREME

Nach den Anweisungen auf Seite 10 und unter Verwendung der auf Seite 143 angegebenen Mengen Meringue-Buttercreme herstellen. Nach Geschmack gemahlenen Zimt hinzufügen.

SCHICHTEN DER TORTE

Die Pfirsiche halbieren, die Steine entfernen und die Pfirsiche in dünne, gleichmäßige Scheiben schneiden.

Die Biskuitböden begradigen und mit dem Grand-Marnier-Sirup tränken. Eine dünne Schicht Zimt-Meringue-Buttercreme auf jedem Boden verstreichen, die Pfirsichstücke gleichmäßig darauf anordnen, sodass der Boden vollständig bedeckt ist. Eine weitere dünne Buttercremeschicht über die Pfirsiche geben, bevor der nächste Boden aufgesetzt wird (s. S. 150–151).

Die Oberseite und die Seiten der Torte mit Zimt-Meringue-Buttercreme ummanteln (s. S. 152–153).

DEKORIEREN

Die verbliebene Meringue-Buttercreme in einen Spritzbeutel mit runder Spritztülle füllen. Eine dicke Linie um die Unterseite der Torten herum aufspritzen. Nun eine Reihe Doppelbögen um den Rand der Tortenoberseite spritzen und Zuckermandeln auf jeden Bogenansatz setzen (s. S. 154).

Die Tortenoberseite mit Marzipanpfirsichen dekorieren.

Die Torte sofort servieren, bzw. im Kühlschrank aufbewahren und bei Zimmertemperatur servieren. Am besten schmeckt sie innerhalb von 3 Tagen nach dem Backen, sie hält sich jedoch im Kühlschrank bis zu 5 Tage.

FÜR DIE ETAGENTORTE

Vor dem Dekorieren der Tortenetagen müssen diese zunächst gedübelt und aufeinandergestapelt werden. Hierfür werden vier Tortendübel für die untere Torte und vier für die mittlere Torte benötigt. Sie verhindern, dass die Etagen ineinandersinken.

Die Dübel auf die Höhe der jeweiligen Etage kürzen und als Viereck angeordnet in die Mitte der Torte stecken, so weit wie möglich auseinander, aber innerhalb des Umfangs der Torte, die aufgesetzt wird. Die Etagen mithilfe der Buttercreme festkleben und wie oben dekorieren.

PIÑA-COLADA-TORTE

DIESE FABELHAFTE PARTYTORTE BASIERT AUF EINEM MEINER LIEBLINGSCOCKTAILS. DIE DUFTENDEN AROMEN VON KOKOSNUSS, ANANAS UND FRISCH GERIEBENER LIMETTENSCHALE BESCHWÖREN ERINNERUNGEN AN HEISSE SOMMERFERIEN AM STRAND HERAUF.

ZUTATEN

Für die Ananasblüten
1 kleine frische Ananas

Für das Kokos-Ananas-Biskuit
225 g Butter
225 g extrafeiner Zucker
fein abgeriebene Schale von
2 unbehandelten Limetten
4 Eier
240 g Mehl, mit 8 g Backpulver gemischt
100 g Kokosraspel
150 g frische Ananas, gewürfelt (restliche Frucht)

Für den Malibu-Sirup
150 ml Wasser
150 g extrafeiner Zucker
Malibu-Likör (nach Geschmack)

Für das Limetten-Frosting
250 g Frischkäse, Vollfettstufe
250 g weiche Butter
625 g Puderzucker, gesiebt
fein abgeriebene Schale von
2 unbehandelten Limetten
2 EL Malibu-Likör

ARBEITSMITTEL

Grundausstattung zum Backen (s. S. 8)
Grundausstattung zum Schichten (s. S. 8)
langes Tranchiermesser
Küchenpapier
3 flache, runde Backformen, 15 cm Ø
Silikonmatte mit Kreismulden (s. Bezugsquellen auf S. 156)

Ergibt 1 runde Torte von 15 cm Ø bzw. 20 Stücke.

ZUBEREITUNG

Die Ananasblüten und das Biskuit 1 Tag im Voraus herstellen (zuerst die Ananasblüten, um die übrige Ananas für das Biskuit verwenden zu können). Die Torte am Verzehrtag schichten.

ANANASBLÜTEN

Die Ananas auf ein Hackbrett stellen und das obere Stück abschneiden. Die Ananas sorgfältig schälen.

Mit einem langen Tranchiermesser Wellen längs um die Seiten herumschneiden, um eine Blütenform zu erhalten.

Die Ananas in hauchdünne Scheiben schneiden, sodass mindestens 15 Blüten entstehen. Die Blüten mit Küchenpapier abtupfen und jeweils in eine Silikon-Backform mit halbrunden Mulden legen. Einige Stunden bei 110 °C in den Backofen stellen, bis sie getrocknet sind. Sie sollten ihre Form halten.

Die Blüten abkühlen lassen, dann sofort in Frischhaltefolie wickeln, damit sie knackig bleiben.

KOKOS-ANANAS-BISKUIT

Den Backofen auf 175 °C vorheizen.

Drei flache Backformen von 15 cm Ø mit Ölspray einfetten und mit Backpapier auslegen.

Butter, Zucker und Limettenschale im Elektromixer mit Rühraufsatz bei mittlerer bis hoher Geschwindigkeit schlagen, bis die Masse blass und luftig ist.

In einem separaten Gefäß die Eier leicht schlagen und, während der Mixer auf mittlerer Geschwindigkeit läuft, die Eimasse langsam zur Buttermischung geben. Sollte die Mischung stocken, 1 EL Mehl hinzufügen, damit sie wieder bindet.

Sobald Butter, Zucker und Eier zusammengefügt sind, Mehl, Kokosnuss und Ananas hinzufügen.

Den Teig in die vorbereiteten Backformen geben und mit dem abgewinkelten Palettenmesser sanft an die Ränder streichen. Die Mischung sollte an den Rändern höher sein als in der Mitte, damit das Biskuit gleichmäßig backt.

20–25 Minuten backen. Das Biskuit ist fertig gebacken, wenn es bei leichtem Druck zurückspringt und sich an den Seiten von den Rändern der Form löst. Ein in die Mitte gestecktes sauberes Messer sollte sauber herauskommen.

Während die Biskuits backen, nach den Anweisungen auf Seite 13 Zuckersirup herstellen. Abkühlen lassen, dann nach Geschmack Malibu-Likör hinzufügen.

Die fertig gebackenen Biskuits aus dem Ofen nehmen und in den Formen 10 Minuten ruhen lassen. Die Oberseiten der Biskuits mit Malibu-Sirup bestreichen (etwas Sirup für das Schichten über Nacht im Kühlschrank verwahren).

Mit einem Messer um den Innenrand der Form fahren, die Biskuits herausnehmen und auf einem Kuchengitter vollständig abkühlen lassen.

Die abgekühlten Biskuits in Frischhaltefolie wickeln und über Nacht bei Zimmertemperatur ruhen lassen.

LIMETTEN-FROSTING

Nach den Anweisungen auf Seite 12 Frischkäse-Frosting herstellen, Limettenschale und Malibu Likör unterheben.

SCHICHTEN DER TORTE

Die drei Biskuitböden begradigen, mit Malibu-Sirup tränken und jeweils mit einer Schicht Limetten-Frosting dazwischen aufeinanderschichten (s. S. 150–151).

Die Oberseite und die Seiten der Torte mit Limetten-Frosting ummanteln (s. S. 152–153).

DEKORIEREN

Kurz vor dem Servieren die Ananasblüten auf der Oberseite der Torte anordnen und mit Frischkäse-Frosting ankleben. Beachten Sie, dass die Blüten beginnen, weich zu werden und ihre Form zu verlieren, sobald sie mit Luft in Kontakt kommen.

Die Torte sofort servieren, bzw. im Kühlschrank aufbewahren und bei Zimmertemperatur servieren. Am besten schmeckt sie innerhalb von 3 Tagen nach dem Backen, sie hält sich jedoch im Kühlschrank bis zu 5 Tage.

TECHNIK DES SCHICHTENS

HIER HANDELT ES SICH UM ALLGEMEINE HINWEISE ZUM BEGRADIGEN UND SCHICHTEN DER TORTEN; JE NACH REZEPT KÖNNEN KLEINE ABÄNDERUNGEN EINTRETEN. STELLEN SIE SICHER, DASS ALLE BISKUITBÖDEN VOR DEM SCHICHTEN VOLLKOMMEN AUSGEKÜHLT SIND. IDEALERWEISE LÄSST MAN SIE IN FRISCHHALTEFOLIE GEWICKELT ÜBER NACHT RUHEN. JEGLICHE BUTTERCREME, GANACHE ODER ANDERE FÜLLUNGEN SOLLTEN STREICHBAR SEIN. STELLEN SIE SICHER, DASS SIE VOR VERWENDUNG ZIMMERTEMPERATUR ERREICHT HABEN.

① Begradigen: Mithilfe eines Brotmessers oder Tortenschneiders die obere Kruste von jedem Biskuit abschneiden. Für die mittlere Schicht (oder mittleren Schichten) auch die gebräunte Unterseite des Biskuits abschneiden. Streben Sie an, dass alle Böden dieselbe Tiefe haben – ich verwende ein Lineal, wenn ich den Tortenschneider ansetze. Nach dem Begradigen die Krümel von den Böden abbürsten, da sie das Ummanteln sehr schwierig machen und die Füllung verderben.

② Das Cakeboard in der Mitte der Tortenscheibe mit Buttercreme oder Ganache festkleben, dann die Scheibe auf einen rutschfesten Drehteller setzen (optional). Cakeboard mit einer dünnen Schicht Buttercreme oder Ganache bestreichen und den ersten Biskuitboden darauf festkleben (mit der braunen Seite nach unten). Die Oberseite des Biskuits mithilfe eines Backpinsels mit Zuckersirup bestreichen, falls erforderlich.

③ Wenn sich die Füllmischung von derjenigen unterscheidet, die für die Ummantelung verwendet werden soll, etwas Ummantelungsmischung in einen Spritzbeutel geben und einen Kranz um den Bodenrand spritzen. Dadurch wird eine Barriere gebildet, welche die Füllung innen hält.

④ Ein Palettenmesser verwenden, um die Füllung auf dem unteren Boden zu verteilen.

⑤ Die Füllung gleichmäßig verteilen, dabei sicherstellen, dass sie bis zu den Rändern reicht (oder auf den in Schritt 3 gespritzten Kranz trifft). Darauf achten, dass nicht zu viel Füllung aufgetragen wird, da die Füllung sonst über die Seiten quillt, wenn der nächste Boden aufgesetzt wird.

⑥ Den nächsten Boden auflegen und bei Bedarf weiteren Zuckersirup aufbringen.

⑦ Die Schritte 3–5 wiederholen. Wenn Ihre Torte mehr als drei Schichten aufweist, diese Schritte wiederholen, bis nur noch der oberste Boden aufgelegt werden muss.

⑧ Den letzten Boden mit der braunen Seite nach oben auflegen.

⑨ Wenn alle Schichten aufgebracht sind, den obersten Boden sanft andrücken, um eingeschlossene Luftblasen zu entlassen. Sicherstellen, dass die Oberseite eben ist. Den obersten Boden bei Bedarf mit Zuckersirup tränken.

TECHNIK DES SCHICHTENS

TECHNIK DER UMMANTELUNG

UM EINE SCHÖN UMMANTELTE SCHICHTTORTE ZU ERHALTEN, SIND DIE RICHTIGEN ARBEITSMITTEL UNERLÄSSLICH (S. S. 8). DAS FROSTING SOLLTE STREICHBAR UND KLUMPENFREI SEIN; ACHTEN SIE AUSSERDEM STETS DARAUF, DASS ES VOR GEBRAUCH ZIMMERTEMPERATUR HAT. DIE TORTE MUSS STETS ZWEIMAL UMMANTELT WERDEN, DAMIT SIE GLATT AUSSIEHT UND GERADE RÄNDER HAT. ES STEHT IHNEN JEDOCH FREI, DEN VORGANG SO LANGE ZU WIEDERHOLEN, BIS SIE MIT DEM ERGEBNIS ZUFRIEDEN SIND. BEDENKEN SIE, DASS DIE TORTE NACH JEDER UMMANTELUNG KALT GESTELLT WERDEN MUSS, DAMIT DAS FROSTING FEST WERDEN KANN. VERWENDEN SIE EINE SEPARATE SCHÜSSEL FÜR DIE UMMANTELUNG, DAMIT DIE LETZTE UMMANTELUNGSSCHICHT NICHT DURCH KRÜMEL VERDORBEN WIRD.

1 Zunächst eine Ummantelungsschicht herstellen. Dadurch wird die Bodenoberfläche in Form gehalten und eine gute Grundlage für die weitere Arbeit geschaffen. Mit dem Palettenmesser eine großzügige Menge Buttercreme oder Ganache auf die Oberseite des obersten Bodens auftragen.

2 Von der Mitte aus die Mischung zu den Rändern und an den Seiten hinunter verstreichen.

3 Beim Bestreichen der Seiten mit dem Palettenmesser vor und zurück arbeiten, dabei den Drehteller in die entgegengesetzte Richtung drehen.

4 Sicherstellen, dass die Torte vollständig bedeckt ist und an den Seiten keine Lücken zu sehen sind.

5 Den Seitenschaber an die gegenüberliegende Seite der Torte setzen und die lange, gerade Kante im 45° Winkel gegen die Torte halten; die Unterseite des Seitenschabers ruht flach auf der Tortenscheibe. Die andere Hand auf die Scheibe und den Drehteller setzen, und zwar so nah wie möglich bei der anderen Hand.

6 Den Drehteller gegen die Richtung des Seitenschabers drehen und dadurch das Frosting glätten, bis sich Ihre Hände an der Vorderseite treffen.

7 Sollte das Frosting immer noch viele Risse und Lücken aufweisen, den Vorgang wiederholen. Wenn Sie mit der Ummantelung zufrieden sind, den Seitenschaber von der Torte lösen und den Rand mit dem Palettenmesser säubern.

8 Mithilfe des Palettenmessers die Oberseite glätten und die Ränder begradigen.

9 Mithilfe des Seitenschabers und des Palettenmessers überschüssige Mischung entfernen.

Die Torte mindestens 30 Minuten im Kühlschrank kühlen, dann bei Bedarf die Ummantelungsschicht wiederholen.

Im Kühlschrank kühlen, bis das Frosting fest ist.

Für die Endummantelung Schritt 1–9 wiederholen. Hierfür eine frische, krümelfreie Portion Buttercreme oder Ganache verwenden. Streben Sie eine absolut gerade Oberseite und gerade Seiten mit scharfen Rändern an.

Die Torte ca. 1 Stunde in den Kühlschrank stellen, bzw. bis die Buttercreme oder Ganache fest ist. Dann abschließende Verschönerungen und Korrekturen vornehmen.

TECHNIK DER UMMANTELUNG

RUNDE SPRITZTÜLLE NR. 3

STERNTÜLLE: GESCHLOSSEN

KLEINE SPRITZTÜLLE: BLATT

SPRITZTECHNIK: SCHLAUFEN

SPRITZTECHNIK: SCHWÜNGE

SPRITZTECHNIK: DICKE LINIE („SCHNECKENSPUR")

SPRITZTECHNIK: HORTENSIEN UND BLÄTTER

SPRITZTÜLLE: BLÜTENBLATT

SPRITZTECHNIK: ROSEN UND BLÄTTER

SPRITZTECHNIK: BLÜTE

STERNTÜLLE: MITTEL, OFFEN

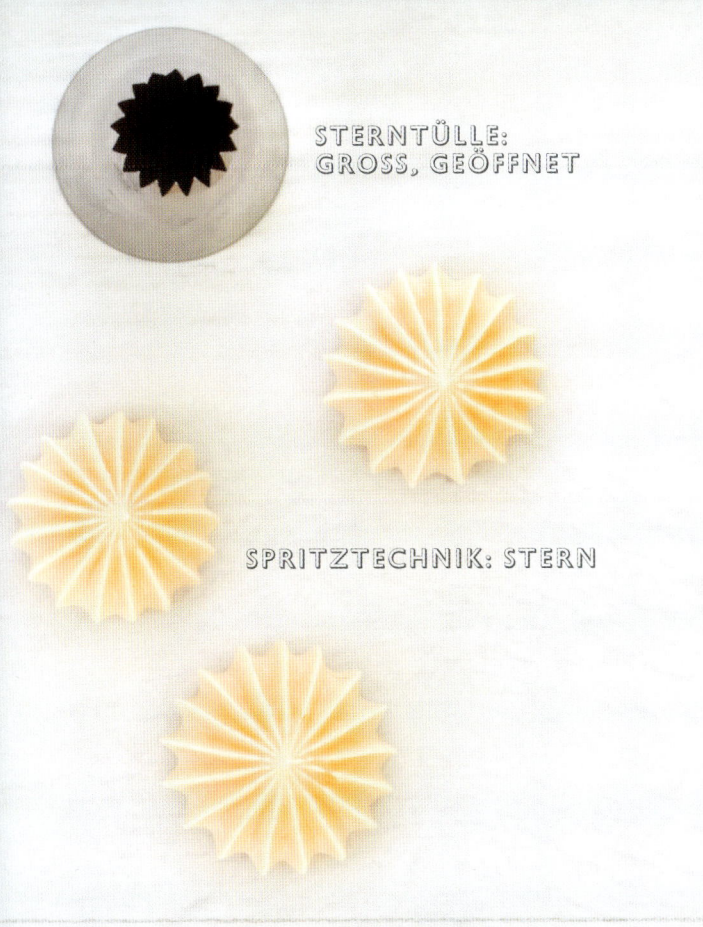

STERNTÜLLE: GROSS, GEÖFFNET

SPRITZTECHNIK: STERN

STERNTÜLLE: MITTEL, OFFEN

SPRITZTECHNIK: ROSETTEN

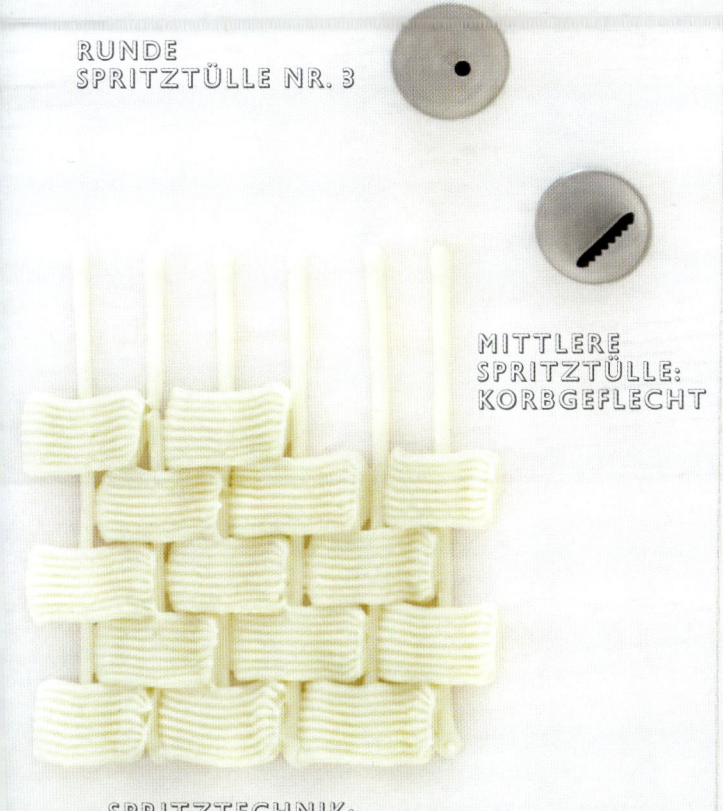

RUNDE SPRITZTÜLLE NR. 3

MITTLERE SPRITZTÜLLE: KORBGEFLECHT

SPRITZTECHNIK: KORBGEFLECHT

SPRITZTECHNIK: SEIL

SPRITZTÜLLE NR. 7: OFFENER STERN

REGISTER

A
Ahornsirup-Walnuss-Torte 82–85
   Ahornsirup-Frosting 82–85
   Ahorn-Zuckersirup 82–85
Ananas
   Ananasblüten 146–149
   Piña-Colada-Torte 146–149
Apfel 64–67
   Apfelbiskuit 64–67

B
Backformen 9
Backtipps 9
Bananenbiskuit 122–125
Beerenkorb-Torte 96–99, 155
   Biskuit, gewürzt 130–135
Blaubeere
   Beerenkorb-Torte 96–99, 155
   Blaubeeren-Buttermilch-Torte 18–21
Blütenmuster 136–141, 154
Buttercreme 136–141
   Dekoration 92–95
   Englisch 10, 92–95, 126–129
   Kaffee 86–91
   Meringue 10, 14–17, 76–81, 96–99, 114–117, 130–135
   Schokolade 17, 117
   Zimt 104–109
Buttermilch-Biskuit 18–25

C
Champagner-Erdbeer-Torte 126–129
Champagner-Erdbeer-Marmelade 126–129
Champagnersirup 126–129
Cheeky-Monkey-Bananentorte 122–125
Chiffon-Biskuit 40–45, 54–59, 96–99, 114–117

E
Englische Buttercreme 10, 92–95, 126–129
Erdbeere
   Beerenkorb-Torte 96–99
   Erdbeer-Champagner-Torte 126–129
Erdnuss-Buttercreme 122–125

Etagentorte
   Beerenkorb-Torte 96–99
   Pfirsich-Mandel-Torte 142–145
   Schokoladen-Trüffel-Torte 76–81

F
Florale Muster 96–99, 136–141, 146–149, 154–155
Frischkäse-Frosting 12
   Ahornsirup 82–85
   Honig 22–25
   Karamell 64–67
   Keks 46–49
   Kirsch 118–121
   Limette 146–149
   Rote Grapefruit 92–95
   Vanille 18–21, 60–63, 68–71
   Zimt 110–113
   Zitrone 100–103
Frosting
   Mascarpone 12, 72–75, 86–91
   siehe auch Frischkäse-Frosting

G
Ganache
   Schokoladen-Ganache 13, 14–17, 34–39, 76–81, 114–117, 130–135
Gelee, Passionsfrucht 72–75
Gewürz-Torten
   Gewürzte Kürbistorte 110–113
   Lagerfeuer-Torte 130–135
   Toffee-Apfel-Torte 64–67
Grand-Marnier-Sirup 142–145
Grapefruit-Frosting 92–95
Grundausstattungen 8

H
Himbeere
   Beerenkorb-Torte 96–99
   Himbeerkuss-Torte 14–17
   Himbeer-Meringue-Buttercreme 50–53
   Zitronen-Himbeer-Rosen-Torte 50–53
Honig
   Honig-Frosting 22–25
   Honigsirup 22–25, 130–135
   Milch-Honig-Torte 22–25
Honigwabe 22–25
Hortensienmuster 136–141, 154

I
Italienische Meringue 130–135

K
Kaffee
   Kaffeebiskuit 86–91
   Kaffee-Buttercreme 86–91
   Kaffee-Sirup 86–91
Karamell
   Karamellbiskuit 34–39
   Karamell-Dip 64–67
   Karamell-Frosting 64–67
   Salz-Karamell-Torte 34–39
Kekse
   Ahornsirup 82–85
   Honig 22–25
   Keks-Frosting 46–49
   Keks-Sahne-Biskuit 46–49
   Keks-Sahne-Torte 46–49
   Kirsch 118–121
   Limette 146–149
   Rote Grapefruit 92–95
   Vanille 18–21, 60–63, 68–71
   Zitrone 100–103
Kirsche
   Kirsch-Frosting 118–121
   Schwarzwälder Kirschtorte 118–121
Kokosnuss
   Kokos-Ananas-Biskuit 146–149
   Kokosnuss-Meringue-Buttercreme 30–33
   Passionsfrucht-Mascarpone-Torte 72–75
   Piña-Colada-Torte 146–149
Konfitüre-Füllungen 96–99, 126–129
Krumenmantel 152–153
Kuchenkrümel 60–63, 68–71
Kürbisbiskuit 110–113
Kürbistorte, gewürzt 110–113

L
Lagerfeuer-Torte 130–135
Lebkuchenbiskuit 100–103
Lebkuchentorte 100–103
Limette
   Limetten-Frosting 146–149

M
Malibu-Sirup 146–149

Mandeln
  Mandelbiskuit 30–33, 142–145
  Pfirsich-Mandel-Torte 142–145
  Schneeball-Torte 30–33
Mango-Frosting 72–75
Mango-Mascarpone-Frosting 72–75
Mascarpone
  Mascarpone-Frosting 12, 72–75, 86–91
  Passionsfrucht-Mascarpone-Torte 72–75
Maße 9
Meringue, Italienisch 130–135
Meringue-Buttercreme 10, 14–17, 76–81, 96–99, 114–117, 130–135
  Erdnuss 122–125
  Himbeere 50–53
  Kokosnuss 30–33
  Rose 26–29
  Vanille 40–45
  Veilchen 54–59
  Zimt 142–145
Milch-Honig-Torte 22–25

N
Neapolitanische Torte 114–117

O
Orange
  Zitrustorte 92–95

P
Passionsfrucht
  Passionsfrucht-Gelee 72–75
  Passionsfrucht-Mascarpone-Torte 72–75
Pfirsich-Mandel-Torte 142–145
Pfirsich, pochiert 142–145
Pflaumen
  Zucker-Pflaumen-Torte 104–109
Piña-Colada-Torte 146–149
Pistazienbiskuit 26–29
Pistazien-Rosen-Torte 26–29
Pralinen-Füllung 76–81

R
Red-Velvet-Biskuit 60–63
Red-Velvet-Torte 60–63
Rose
  Rosen-Buttercreme 26–29
  Rosen-Pistazien-Torte 26–29

Zitronen-Himbeer-Rosen-Torte 50–53
Rosenknospenmuster 136–141, 154–155
Rote-Grapefruit-Frosting 92–95

S
Salzkaramell-Torte 34–39
Schablone 26–29, 40–45, 54–59
Schachbrett-Torte 136–141, 155
Schichten, Technik 150–151
Schneeball-Torte 30–33
Schokolade
  Himbeerkuss-Torte 14–17
  Red-Velvet-Torte 60–63
  Salzkaramell-Torte 34–39
  Schokoladenbiskuit 14–17, 34–39, 118–121, 136–141
  Schokoladen-Buttercreme 17, 117
  Schokoladen-Ganache 13, 14–17, 34–39, 76–81, 114–117, 130–135
  Schokoladenkuchen 76–81
  Schokoladen-Trüffel-Torte 76–81
  Schwarzwälder Kirschtorte 118–121
  Teufelsspeise in Schwarz und Weiß 68–71
Schwarzwälder Kirschtorte 118–121
Spritzen, Technik 154–155

T
Teufelsspeise in Schwarz und Weiß 68–71
Tiramisutorte 86–91
Toffee-Apfel-Torte 64–67
Trüffel
  Schokoladen-Trüffel-Torte 76–81

U
Ummanteln, Technik 152–153

V
Vanille
  Vanillebiskuit 34–39, 72–75, 126–129, 136–141
  Vanille-Frosting 18–21, 60–63, 68–71
  Vanille-Meringue-Buttercreme 40–45

Vanillesirup 18–21, 30–49, 54–59, 64–67, 72–75, 96–99, 114–117, 122–125, 136–141
Vanille-Wolken-Torte 40–45
Veilchen
  Veilchen-Meringue-Buttercreme 54–59
  Veilchen-Torte 54–59

W
Walnuss-Ahornsirup-Torte 82–85
Walnussbiskuit 82–85

Z
Temperaturen und Zeiten 9
Zimt
  Gewürzte Kürbistorte 110–113
  Lagerfeuer-Torte 130–135
  Zimtbiskuit 104–109
  Zimt-Buttercreme 104–109
  Zimt-Frosting 110–113
  Zimt-Meringue-Buttercreme 142–145
  Zimtsirup 104–109
  Zitrustorte 92–95
Zitrone
  Zitronen-Himbeer-Rosen-Torte 50–53
  Zitronen-Frischkäse-Frosting 100–103
  Zitronenbiskuit 50–53
  Zitronensirup 50–53
  Zitrusbiskuit 92–95
  Zitrustorte 92–95
Zucker-Pflaumen-Torte 104–109
Zuckersirup 13, 26–29, 68–71, 100–103
  Ahornsirup 82–85
  Grand Marnier 142–145
  Kaffee 86–91
  Malibu 146–149
  Vanille 18–21, 30–49, 54–59, 64–67, 72–75, 96–99, 114–117, 122–125, 136–141
  Zimt 104–109
  Zitrone 50–53
  Zitrus 92–95
Zuckerstaub 26–29

BEZUGSQUELLEN

DER GRÖSSTE TEIL DER IN DIESEM BUCH VERWENDETEN ARBEITSMITTEL UND ZUTATEN SIND OHNE WEITERES IM SPEZIALHANDEL UND IMMER MEHR AUCH IM SUPERMARKT UND KÜCHENLADEN ERHÄLTLICH. DENNOCH HABE ICH UNTEN EINIGE HILFREICHE ADRESSEN AUFGEFÜHRT, UM IHNEN EINEN KLEINEN LEITFADEN AN DIE HAND ZU GEBEN UND BEI DER SUCHE NACH SPEZIELLEREN DINGEN BEHILFLICH ZU SEIN.

Meine eigene Webseite beinhaltet einen Onlineshop, wo speziellere Tortendekorations-Werkzeuge und Zutaten ebenso erhältlich sind wie ein Sortiment an flachen Backformen (für Biskuitböden und Sandwiches), Tortenschablonen und andere Backartikel. Zusätzlich finden Sie dort eine Auswahl an Torten-Füllungen:
Peggy Porschen Cakes
www.peggyporschen.com

Backtraum
Allgäuweg 1c
87653 Eggenthal
www.backtraum.eu

Cake Company
Jacobi Decor GmbH
Maarstraße 72
53842 Troisdorf-Spich
www.cake-company.de

MeinCupcake.de
Vogelsanger Straße 354
50827 Köln
www.meincupcake.de

Mein Tortenladen
Dorfmüllerstraße 9
49584 Fürstenau
www.mein-tortenladen.de

Pati-Versand
Siemensstraße 24
49770 Herzlake
www.pati-versand.de

Torten-Kram
Kirchstraße 10
53937 Schleiden
www.torten-kram.de

Tortissimo Backzubehör
Am Kreuzweg 1
35469 Allendorf-Lumda
www.tortissimo.de

Das ganze Jahr über halte ich eine Reihe von Back- und Tortendekorations-Workshops in der Peggy-Porschen-Academy ab. Wenn Sie also Ihre Spritztechniken perfektionieren möchten, um unwiderstehliche Torten herzustellen, bzw. Ihre Backfähigkeiten auffrischen möchten, um himmlische Cupcakes herzustellen, gibt es bestimmt den geeigneten Kurs:
Peggy Porschen Academy
30 Elizabeth Street
Belgravia
London SW1W 9RB
www.peggyporschen.com

Jeden Morgen stellt mein Konditorenteam ein frisches Sortiment an Schichttorten, Cupcakes, Cookies und anderen Köstlichkeiten für Besucher meiner Konditorei, dem Peggy-Porschen-Parlour, her, um entweder an Ort und Stelle frisch gebrühten Tee oder Kaffee zu genießen oder um eine Leckerei zum Tee mitzunehmen. Wenn Ihnen die Rezepte in diesem Buch Freude bereitet haben, hoffe ich, auch Sie einmal persönlich in meiner Konditorei begrüßen zu dürfen.
Peggy Porschen Parlour
116 Ebury Street
Belgravia
London SW1W 9QQ
www.peggyporschen.com

DANKSAGUNGEN

TORTENLIEBE war mir eine wahre Herzensangelegenheit. Eine Menge Arbeit wie Recherche, Testbacken, Schreiben, Fotografieren und andere Dinge mehr stecken in diesem Buch. Ohne die Unterstützung eines wunderbaren Teams aus engagierten, talentierten Menschen wäre dieses Werk nicht zustande gekommen.

Mein erster Dank geht an mein langjähriges Verlagshaus, Quadrille, mit dem ich seit nunmehr 10 fantastischen Jahren zusammenarbeite. Mein besonderer Dank gilt meiner Verlagsleiterin Jane O'Shea. Sie hat mich „entdeckt", mir all diese erstaunlichen Möglichkeiten eröffnet und meine kreativen Visionen von Beginn an unterstützt. Vielen Dank dafür – ich werde unsere Zusammenarbeit sehr vermissen. Auch den anderen liebenswürdigen Damen bei Quadrille – Lisa Pendreigh, Helen Lewis und Gemma Hayden danke ich für alles; vor allem jedoch für die harte Zusammenarbeit mit mir, damit ich meiner Kollektion einen weiteren schönen Titel hinzufügen kann.

Dank an meine Fotografin, die einzigartige Georgia Glynn Smith, die sich mit ihren wunderschönen Fotos jedes Mal von Neuem selbst übertrifft. Und Bobbys Assistenz – ein riesengroßes Dankeschön an euch beide; wir hatten so viel Spaß bei den Shootings. Dank an meine reizende Stylistin, Rebecca Newport, für all die schönen Requisiten und Settings.

Den womöglich größten Dank schulde ich meiner fantastischen Mitarbeiterin Michele Stander. Ganz herzlichen Dank für all die großartige Mithilfe bei der Verkostung und Niederschrift der Rezepte. Du hast so viel Enthusiasmus, Talent und harte Arbeit in dieses Buch investiert. Du hast einen unglaublichen Beitrag geleistet, und das Resultat ist eine wundervolle Kollektion an Köstlichkeiten. Ich bin sehr stolz, dich in meinem Team zu haben.

Dank an Stephanie Maughan für die fantastische Unterstützung, die großartigen Ideen und die Hilfe bei der Zusammenstellung des Konzepts. Alexia Terzopulou, danke für die redaktionelle Arbeit. Ein weiteres großes Dankeschön geht an mein übriges Team bei der Peggy-Porschen-Group. Wann immer ich ein Buch schreibe, bedeutet das eine Menge Extraarbeit und eine Unterbrechung der normalen Routineabläufe für alle übrigen Teammitglieder. Danke euch allen für eure Unterstützung und für die Aufrechterhaltung des Betriebs, während Michele und ich mit der Erarbeitung dieses Buchs beschäftigt waren.

Dank an alle meine Nachbarn und Feinschmecker-Freunde Brian, Anke und Nicholas Ma Siy für das Verkosten der Torten und das wertvolle Feedback. Es tut mir leid, dass ihr meinetwegen so viel Torte essen musstet.

Von Herzen danke ich schließlich den wichtigsten Menschen in meinen Leben, meiner kleinen Familie. Bryn und Max, ich liebe euch beide so, so sehr. Mein lieber kleiner Max, mit deiner Modellierung der Cheeky-Monkey-Bananentorte hast du mich sehr stolz gemacht.